Gerhard Ochsenfeld

# Rechtliche Grundlagen

## für das Sicherheitsgewerbe

praxisnahe Theorie
&
umfassende Einführung

Umschlaggestaltung und Layout: Gerhard Ochsenfeld

Herstellung und Verlag: Books on Demand GmbH, Norderstedt.

Rechtlicher Hinweis:
Für den Inhalt verantwortlich ist ausschließlich der Autor.

ISBN-13: 978-3-8370-5440-8

Als Literaturquellen dienten im Wesentlichen die folgenden Unterlagen:

DIHK (Hrsg.)          Deutscher Industrie- und Handelskammertag
                      (Herausgeber)Unterrichtung im Bewachungs-
                      gewerbe, (1) Bewachungspersonal, Heraus-
                      geber u. Copyright: DIHK
Epping                Volker Epping i. Zus.Arb. m. Sebastian Lenz
                      u. Philipp Leydecker, Grundrechte, 3. Aufl.,
                      Springer-Verlag
Jochmann/Zitzmann     Ulrich Jochmann/Jörg Zitzmann, Sachkunde-
                      prüfung im Bewachungsgewerbe,
                      Boorberg Verlag
Karl/Polthier         Heinz Karl u. Konrad Polthier, Handbuch
                      Werkschutz, Erich Schmidt Verlag
Palandt               Palandt, Bürgerliches Gesetzbuch, Kurz-
                      kommentar, 66. Auflage, 2007,
                      Verlag C. H. Beck
Tröndle/Fischer       Tröndle/Fischer, Strafgesetzbuch und Neben-
                      gesetze, Kurzkommentar, 54. Auflage,
                      Verlag C. H. Beck
WIK                   Zeitschrift für die Sicherheit der Wirtschaft
                      (Hrsg. Peter Hohl i. Zus.Arb. mit d. Arbeits-
                      gemeinschaft für Sicherheit der Wirtschaft
                      e.V. - ASW - , Berlin
Strafgesetzbuch       Beck-Texte im dtv-Taschenbuch Verlag

Bitte achten Sie auf die Literaturhinweise im Text.

Die im Anhang aufgeführten Gesetzesauszüge sind „www.gesetze-im-in-ternet.de" entnommen, so dass die Texte unterstelltermaßen bei Heraus-gabe (Juli 2008) in ihrer aktuellsten Ausgabe vorlagen.

**Urheberrechtlicher Hinweis:**

# Erste Worte – anstelle eines Vorwortes

Schwätzer, dieser: Ein anderes Wort für dieselbe trockene und überflüssige Einführung in ein Buch. Ein Vorwort ist doch ohnehin meist nur ein mehr oder minder, aber in jedem Falle geschwollener Geisteserguss verstiegener Köpfe, die sich gern selbst reden hören oder ihren Schmalz gern selbst lesen.

Danke.

Vielleicht lesen Sie das Vorwort einmal, wenn Sie Langeweile haben und Ablenkung suchen, oder gerade mit Bus oder Straßenbahn auf dem Weg zur Arbeit sind, wenn Sie nach einer Nachtschicht noch nicht einschlafen können...

Der Buchmarkt ist voller Lehrbücher, die trocken die juristische Materie vermitteln, aber es dem in rechtlichen Dingen Unbedarften schwer machen, eine Brücke zu schlagen zwischen dem juristischen Rüstzeug und dem praktischen Alltag.

Es bleibt letztenendes unklar, weshalb derartige Lehrtexte sich stets als trocken, meistens in Fachvokabular viel zu abgehoben („Insider"-Sprache) und zu wenig auf Alltag und Praxis ausgerichtet erweisen – und bleiben so unzugänglich bis gänzlich unverständlich für den „Normalbürger". Kein Fachmann aus der Branche und kein Spezialist müsste um seinen Arbeitsplatz oder um seine Auftragslage bangen, nur weil der „einfache" Bürger, der „durchschnittliche" Arbeitnehmer oder der „übliche" Gewerbetreibende zumindest ein Grundverständnis von rechtlichen Belangen aufbauen könnte, statt nur verängstigt zurück zu springen, wenn nur ein Paragrafen-Zeichen auftaucht oder das Wort „Gesetz" durch den Raum spukt. Die Fülle an Gesetzen und Verordnungen und der Umfang der darauf fußenden Rechtsprechung machen am Ende die Spezialisten doch unentbehrlich.

Auf der anderen Seite muss sich jeder darüber im Klaren sein, dass jedem Menschen heutzutage ein gewisses Maß an rechtlichem Grundverständnis abverlangt wird – das beginnt schon im Straßenverkehr, und endet nicht mit dem eigenen Arbeitsvertrag.

Besonders gefordert aber sind hier Unternehmer und Mitarbeiter im Sicherheitsdienst, die fremdes Leben oder fremde Besitztümer zu schützen haben.

Abschließend kann ich nur den folgenden Appell zum Ausdruck bringen: Versäumen Sie es nicht, die von mir erwähnten Paragrafen auch zu lesen. Damit Sie diese nicht aufwändig suchen müssen in unterschiedlichen Gesetzbüchern (oder unter www.gesetze-im-internet.de), führe ich alle hier erwähnten Paragrafen im Anhang auf.

Hierzu muss ich Ihnen zunächst einen Begriff aus der Rechtslehre nahe bringen und den entsprechenden Umgang mit dem Gesetz erläutern: das Subsumieren. („Verdammt", werden Sie denken, „jetzt kommt der ja auch mit diesem juristischen Kauderwelsch!") Es wird das erste Kapitel sein, mit dem ich Ihnen zur Last falle. Und das hebe ich deshalb so hervor – „zur Last fallen" – weil es ganz gewiss zahlreiche Personen geben wird, die sich fragen werden, wie ich denn nur mit einem solchen Begriff und Problem konfrontieren kann, wenn es doch eigentlich bloß darum geht, ein Grundverständnis für die rechtliche Einbettung des Sicherheitsmitarbeiters oder des Sicherheitsunternehmers in sein Aufgabenumfeld zu vermitteln. Ich höre es schon: „Was macht der denn? Der schießt doch über das Ziel hinaus!"

Ja. Und: Nein.

Ich will die Seelen beruhigen, und zugeben, dass man sich mit weniger durch Leben und Beruf schlagen kann.

Und dennoch widerspreche ich: Wer verstehen lernt, lernt leichter. Deshalb hole ich weiter aus.

Machen wir doch gleich die Probe aufs Exempel:

*„Wer zum Zwecke der Selbsthilfe eine Sache wegnimmt, zerstört oder beschädigt oder zum Zwecke der Selbsthilfe einen Verpflichteten, welcher der Flucht verdächtig ist, festnimmt oder den Widerstand des Verpflichteten gegen eine Handlung, die dieser zu dulden verpflichtet ist, beseitigt, handelt nicht widerrechtlich, wenn obrigkeitliche Hilfe nicht rechtzeitig zu erlangen ist und ohne sofortiges Eingreifen die Gefahr besteht, dass die Verwirklichung des Anspruchs vereitelt oder wesentlich erschwert werde."*

Noch Fragen? Möglicherweise geht es Ihnen nach der lockeren Lektüre dieser Worte tatsächlich so, dass keine Fragen bleiben. Weil sie gar nicht wissen, an welcher Stelle Sie zu fragen beginnen sollten: Es ist einfach alles unklar geblieben.

Keine Sorge: Selbst dem Juristen ginge es genauso, wenn er sich den Text vornähme wie eine lockere Feierabendlektüre. Aber dem Juristen hat man beigebracht, anders zu lesen! Man hat ihm beigebracht, den Gesetzestext mit Ruhe zu lesen, den Gesetzestext in seine Bedingungsfälle aufzuteilen, ihn stückweise zu lesen und Stück für Stück dem Einzelfall zuzuordnen – kurz: Man hat ihm beigebracht zu „subsumieren"...

Gerhard Ochsenfeld im Juni 2008

# Abkürzungen

Aus Gründen der leichten Lesbarkeit für Jedermann beschränke ich mich weitestgehend auf einige wenige Abkürzungen, die im allg. Schriftgebrauch üblich oder häufig sind; eine schwer lesbare juristische Schrift soll dieses Lehrbuch nicht darstellen.

Abs. = Absatz (eines Paragrafen)

allg. = allgemein

Art. = Artikel (des Grundgesetzes)

ausdr. = ausdrücklich

BAG = Bundesarbeitsgericht

BetrVG = Betriebsverfassungsgesetz

BewachV = Verordnung über das Bewachungsgewerbe

BGB = Bürgerliches Gesetzbuch

BGH = Bundesgerichtshof

BR = Betriebsrat

BVerfG = Bundesverfassungsgericht

bzgl. = bezüglich

bzw. = beziehungsweise

d. h. = das heißt

einschl. = einschließlich

evtl. = eventuell

GewO = Gewerbeordnung

GG = Grundgesetz / des Grundgesetzes

ggf. = gegebenenfalls

ggü. = gegenüber

GmbH = Gesellschaft mit beschränkter Haftung

i. V. m. = in Verbindung mit

Mitarb. = Mitarbeiterin / Mitarbeiter

NJW = Neue Juristische Woche (eine regelmäßig erscheinende juristsiche Zeitschrift)

resp. = respektive (beziehungsweise)

StGB = Strafgesetzbuch

StPO = Strafprozessordnung

u. a. = unter anderem

Var. = Variation (siehe „Fallbeispiele")

vorang. = vorangehend / vorangestellt

w. f. = wie folgt

# Inhaltsverzeichnis

Während die Texte der Gruppe 1 die rechtlichen Grundprobleme darstellen, lege ich mit der Gruppe 2 zum Teil Vertiefungen rechtlicher Problemfälle, zum Teil aber auch rechtliche Abschweifungen dar, mit deren Hilfe ich ermöglichen möchte, die Rechtstheorie in den Gesamtzusammenhang des Lebens zu stellen.

Mit einer umfangreichen Wiedergabe von Paragrafen aus zahlreichen unterschiedlichen Gesetzen biete ich Ihnen wesentliche gesetzliche Grundlagen im Originalwortlaut an, ohne Ihnen die Recherche und Beschaffung der Gesetzestexte anzulasten.

## Gruppe 1: Grundlagen

## Gruppe 2:
## Exkurse

## Gesetzestexte
## – in Auszügen

# Fallbeispiele:

50 Fallspiele – überwiegend kurz und überwiegend auf nur ein Problem hin besprochen – sollen die praktische Einordnung der rechtlichen Probleme vereinfachen. 14 Fallvariationen kommen hinzu, um die Abwägung rechtlicher Grenzprobleme oder Unterscheidungen deutlicher zu vermitteln.

Die Zuordnung erfolgt in dieser Auflistung nach Randnummern, *nicht* nach Seitenzahlen.

# Exkurs: Subsumieren

**1**  „Subsumieren" beschreibt Wahrig (Deutsches Wörterbuch, im Bertelsmann Lexikon Verlag) w. f.:
*„einordnen, (einem allg. Begriff) unterordnen; zusammenfassen".*
Diese Definition hilft noch nicht viel weiter. Das Subsumieren meint in der juristischen Anwendung das Zerpflücken (des Gesetzeswortlautes) in seine Einzelteile, das Erkennen der im Gesetzeswortlaut geschaffenen inhaltlichen Bezüge – und das Zuordnen der Kriterien zum Einzelfall.

Ich möchte beispielhaft vortragen, was das so genannte Subsumieren ist und werde zu diesem Zwecke vorab einen Beispielfall geben, und dann in gleichsam tabellarischer Form den Beispielfall mit dem vorhin vorgetragenen Gesetzestext in Verbindung bringen:

**2**  Ein unbekannter junger Mann lungert in einem Juweliergeschäft herum. Das kommt dem Goldschmied, dem der Laden auch selbst gehört, nicht geheuer vor. „Kann ich Ihnen helfen", fragt er den Mann und schaut die Dame kurz von der Seite an, die er gerade bedient: Stumm um Entschuldigung bittend. „Nein, nein. Ich warte. Machen Sie nur erst weiter", sagt der Unbekannte. Er hält sich etwas Abseits – aber dieses Abseits ist natürlich keine Distanz in dem kleinen, beengten Ladenlokal.
Die Dame lässt sich verschiedene Ringe zeigen. „... und dieser", schwärmt der Goldschmied, „ist etwas ganz *Außer*gewöhnliches! Mit dem spült man", er lächelt die Frau an und hebt durch kurze Sprechpause hervor: „... *frau* – natürlich nicht gerade das Geschirr", sagt er

– und lächelt verschmitzt. „A-ha?" fühlt sich die Dame geschmeichelt, „Und das heißt?" „Tjaah... Für diesen Entwurf habe ich 750er Gold verarbeitet! Das ist natürlich keine so harte Qualität wie 585er – aber Sie dachten ja, wenn ich Sie richtig verstanden habe, an etwas ganz *Besonderes*!" Der Goldschmied hält den Ring in das Licht des Punktstrahlers – und es blitzt und blinkt verführerisch in dezenten, bunten Farben. Der Goldschmied lächelt verzückt: „*Sieben* Diamanten... Da tragen Sie 1,2 Karat. Das konnte ich beim besten Willen nur in dieses edle Gold einfassen..."
Dann schnippt der Goldschmied mit den Fingern: „Ich zeige Ihnen mal etwas. Das hat mir eine Kundin gestern hereingebracht, um die Ringweite anzupassen: Ein Erbstück. Von *1910*! Und das *sehen* Sie nicht! Auch 750er Qualität. Hatte noch ihre Großmutter durch die Wirren zweier Kriege gerettet!" Und dann murmelt er leise: „Die Mutter war jetzt verstorben. So geht das Prachtstück von Generation zu Generation!" Dann zeigt er wieder auf den von ihm gefertigten Ring, den er nun huldvoll auf dem Glastisch ablegt: „Glauben Sie mir: Mit dem Ring tragen Sie ein Stück der Ewigkeit! – Aber warten Sie: Ich hole mal den anderen. Den *müssen* Sie sehen."
Als der Goldschmied gerade hinten in seiner Werkstatt verschwunden ist, stürzt der Unbekannte vor, schnappt sich den Ring vom Tisch und rennt zur Tür. „Hiiiil-feeee!" schreit die Frau – springt aber, nicht eben unsportlich, auf und hetzt ebenfalls zur Türe. Der Unbekannte will die Türe gerade öffnen, da wirf die Dame sich mit lautem Krachen gegen die Tür. Gleichzeitig kommt der Goldschmied von hinten und packt den jungen Herrn am Kragen

und drückt ihn mit dem Gesicht gegen die Eingangstüre.

„Da vorn", sagt er zu der Dame, „steht ein Telefon! Würden Sie bitte mal die Polizei rufen?!" Und als sich der Unbekannte aus dem festen Griff des Goldschmieds zu befreien versucht, da tritt der Goldschmied dem jungen Mann in die Kniekehlen und reißt ihn nach unten, so dass der Unbekannte auf seine Knie sackt. Weiterhin drückt der Goldschmied den Mann mit Gesicht und Schultern gegen die Türe, damit der sich nicht frei schlagen kann. „Lassen Sie mich los!" faucht der Unbekannte. „Außerdem tun Sie mir weh! Das ist Körperverletzung! Das *dürfen* Sie gar nicht!"

„Ha!" faucht der Goldschmied, „das lass Dir gleich mal von der Polizei erzählen, was ich alles darf!"

Anhand des im Vorwort beispielhaft vorgetragenen Gesetzeswortlautes (§ 229 BGB) im Zusammenhang mit einem Fallbeispiel will ich nun „subsumieren":

| | | **3** |
|---|---|---|
| Wer | .................. | hier der Goldschmied |
| zum Zwecke der Selbsthilfe | ............. | ist selbst betroffen (hatte den Ring ja noch nicht an die Dame verkauft!) |
| eine Sache wegnimmt, | .................... | etwaig den Ring, aber das wissen wir nicht, da die Falldarstellung nicht aufklärt, ob der Goldschmied vor Eintreffen der Polizei den Ring zurückzuerlangen versucht |
| zerstört | .................... | (entfällt hier) |
| oder beschädigt | ............. | (entfällt hier auch) |
| oder | .................... | neues Kriterium zu anderen oder weiteren Tatbestandsmerkmalen |
| zum Zwecke der Selbsthilfe | ............. | wiederum: Selbstbetroffenheit des Goldschmieds |
| einen Verpflichteten, | ................ | der Unbekannte; ist verpflichtet zu 1. Herausgabe des Ringes 2. Preisgabe seiner Identität (Identifizierung kann nicht im Wege der Selbsthilfe erzwungen werden; der Polizei ggü. jedoch muss sich jeder Bürger offenbaren – aber dann: vorläufige Festnahme zur Übergabe an Polizei – darauf komme ich später noch zurück) |
| welcher der Flucht verdächtig ist, | .... | 1. hatte der Fluchtversuch vorgelegen, 2. versucht er sich zu befreien, deshalb Annahme erneuten Fluchtversuches |
| festnimmt | .................... | Goldschmied nimmt den Unbekannten unter Zwang in seine Obacht |
| oder | .................... | „oder" beinhaltet „und", wenn es nicht ausformuliert oder inhaltlich ein „entweder-oder"-Fall ist |
| den Widerstand des Verpflichteten | .. | der Unbekannte wehrt sich: versucht, sich loszureißen |

gegen eine Handlung, .............die vorläufige, hier mit Gewalt erzwungene, Festnahme durch den Goldschmied

die dieser zu dulden
verpflichtet ist, .......................muss der Unbekannte über sich ergehen lassen, da
– er dem Geschädigten von Person nicht bekannt ist
– die Festnahme erkennbar vorläufig ist,
– da die Polizei in seinem Beisein angefordert wird

beseitigt, ...............................der Goldschmied hält den Unbekannten unter Anwendung von körperlicher Gewalt fest

handelt nicht widerrechtlich, ...........heißt: er ist im Sinne des Gesetzes (BGB)im Recht

wenn obrigkeitliche Hilfe ................= Polizei

nicht rechtzeitig zu erlangen ist ......Polizei braucht Zeit, bis sie eintreffen kann

und ohne sofortiges Eingreifen ........die sofortige Handlung des Betroffenen

die Gefahr besteht, ...........................die Vermutung des Betroffenen reicht aus, wenn die daraus abgeleitete Handlung nicht schikanös ist (darauf komme ich später auch noch zurück)

dass die Verwirklichung des
Anspruchs vereitelt..................hier die Herausgabe des Ringes

*(oder)* unmöglich gemacht ........durch z. B.:
– Unbekannter wirft Ring in den Fluss, damit bei Ergreifung kein Beweismittel für Diebstahl mehr vorhanden,
– Verkauf des Ringes bei ebay,
– Übergabe des Ringes an Dealer gegen Drogenrationen, oder oder...

oder wesentlich erschwert .......wenn die Wiedererlangung des Ringes nur unter unverhältnismäßigem Aufwand zu erreichen wäre (Verständnishinweis: hier liegt ein inhaltlicher „entweder-oder"-Fall vor: [entweder] ganz unmöglich oder zumind. unverhältmäßig erschwert)

werde.

**4** Im obigen Fall fällt dem Unbekannten der Ring aus der Hand, als der Goldschmied ihn am Kragen packt und gegen die Ladentür wirft. Die Dame nimmt den am Boden liegenden Ring an sich. Der Goldschmied lässt den Unbekannten dennoch nicht frei, ehe die Polizei eintrifft.

**5** – Das geht in Ordnung. Der Goldschmied hat zwar den Ring wieder zurück Aber er will Anzeige gegen den Mann erstatten; da bereits der Versuch des Diebstahls strafbar ist, ist es auch das Recht des Goldschmieds als Geschädigter (oder abstrakter: als Angegriffener), den Täter der Strafverfolgung zu übergeben. Da er den Mann nicht kennt und andernfalls höchstens beschreiben könnte, ist die Wahrscheinlichkeit gering, dass der Täter später gefasst werden könnte. Es bleibt bei der Legitimation der vorläufigen Festnahme.

Um die Problematik schon hier vorang. zu beleuchten, die im Fallbeispiel mit der vorläufigen Festnahme angeschnitten ist, möchte ich noch zwei Fallvariationen geben und hier kurz besprechen.

Der dem Goldschmied gut bekannte, 15-jährige Nachbarsjunge stiehlt den Ring, wird aber vom Goldschmied überwältigt. Der Goldschmied nimmt den Ring an sich unter Anwendung von Gewalt, hält den Burschen aber trotzdem wider alle lautstarken Proteste fest, bis die Polizei eintrifft. **6|**

– Dass der Goldschmied dem Burschen Gewalt antut, um ihm die Faust zu öffnen, in der er den gestohlenen Ring hält, geht noch ganz klar rechtens zu. Denn es bestünde die Gefahr, dass der Ring nicht wiederzuerlangen ist (Möglichkeiten siehe oben). Aber den von Person bekannten Jungen dann trotzdem „vorläufig festzunehmen", das ist in diesem Falle eine Überschreitung der legitimierten Selbsthilfe, weil der Goldschmied sein Recht, **7|**

Anzeige zu erstatten, auch ausüben könnte, wenn er den Burschen frei ließe. Eine Strafanzeige ist möglich, weil 1. bereits der versuchte Diebstahl strafbar ist, 2. der 15-jährige Junge bereits strafmündig ist.

Aber:

Der 15-Jährige wird von seinen Eltern seit gut zwei Wochen vermisst, was dem Goldschmied als unmittelbarem Nachbarn natürlich bekannt ist. **8**

– Der Goldschmied kann den Burschen dennoch vorläufig festnehmen, obwohl er 1. den Ring wieder zurück hat, 2. der Junge ihm von Person bekannt ist, weil Fluchtgefahr besteht, er „der Flucht verdächtig ist": Es könnte sich um einen Delikt handeln, mithilfe dessen der Junge sich Geld beschaffen will, um sich unabhängig von seinen Eltern und etwaig ohne festen Wohnsitz durchschlagen zu können! **9**

Einen Gesetzestext zu formulieren, erfordert die maximale Erfassung von ursächlichen Zusammenhängen (Kriterien), die eine bestimmte (Rechts-) Folge nach sich ziehen – und das in der möglichst kürzesten Form. So kommen dann häufig Formulierungen und auch Wortfindungen zustande, bei deren Lektüre man sich erst einmal nur die Haare raufen kann...

# Aufgaben und Charakter des Sicherheitsdienstes

Gleich zu Anfang will ich erst einmal anschneiden, auf welcher Grundlage der Mitarb. eines Sicherheitsdienstes eigentlich tätig wird. Denn manchmal, wenn auch bei weitem nicht mehrheitlich, entwickelt sich das Gefühl bei einem Sicherheitsmitarb. (und hier sind natürlich neu eintretende, noch unbedarfte Mitarb. empfänglicher), mit besonderen Rechten und besonderen Kräften ausgestattet zu sein.

Es ist das Gefühl, eine „Institution" hinter sich stehen zu haben. Es ist das Gefühl, den „hohen" Auftrag eines großen und angesehenen Unternehmens oder einer öffentlichen Institution hinter sich stehen zu haben und dessen Rechte zu vertreten. Es ist der Stellvertreter-Charakter der Sicherheittätigkeit, der das Gefühl aufkommen lassen mag, die „rechte Hand" des Chefs zu sein. Und manchmal sind es auch ganz erschreckend banale Umstände, die sich in die Tiefen der menschlichen Psyche einschleichen und ein merkwürdiges Gefühl der Größe hervorrufen können:

– Eine martialisch erscheinende Bekleidung, die im Träger solcher Dienstkleidung das Gefühl von Macht und Stärke aufkommen lassen, die den Vergleich mit polizeilichen Sonderkommandos nahe legen mag, die vielleicht das Gefühl aufkommen lässt, fast so gut zu sein wie ein in allen nur erdenklichen Krisenherden eingesetzter Söldner.

– Das Auftreten im Doppel oder gar in der Gruppe mag das Gefühl von Stärke und Unbesiegbarkeit noch verstärken, gleichsam von Institutionalisierung aufkeimen lassen.

– Die persönliche Ansprache des Chefs, des Auftragsgebers oder einer Person des öffentlichen Lebens mit einem entsprechend ausgeschmückten Appell an die eingesetzten Sicherheitsmitarb. mag durch den Exklusivitätscharakter (*„Ich* war [da oder dort] für die Sicherheit zuständig!") das Gefühl der eigenen Wertigkeit und Unentbehrlichkeit überbetonen und damit auch „moralisch" erheben über „den Rest der Welt".

Was auch immer zu einem übersteigerten Gefühl der eigenen Größe des Sicherheitsmitarb. führen könnte: Nichts davon entspricht der Realität des Sicherheitsdienstes! Sicherheitsdienstleister (Unternehmer oder Unternehmen) ebenso wie Mitarb. von Sicherheitsdiensten sind eingebettet in ein Geflecht des Zivil- und des Strafrechts, das auf jeden anderen Bürger unserer Gesellschaft auch zutrifft. Der Sicherheitsmitarb. genießt **keinerlei** hoheitliche (d. h. polizeiliche) Rechte. Der Sicherheitsmitarb. hat sich bei Überschreitung der ihm erteilten Kompetenzen persönlich zu verantworten (wie übrigens – Hoheitlichkeit hin oder her – der Polizist auch, wenn er seine dienstlichen Kompetenzen überschreitet! ... was ich an anderer Stelle noch beleuchten werde).

Helden sind im Sicherheitdienst so wenig gefragt wie Hasenfüße. Sondern kühle Kopfe sind gefragt, die auch Angriffe gegen die persönliche Ehre eben nicht persönlich nehmen, sondern an sich abblitzen lassen. Kühle Köpfe sind gefragt, die die Ruhe bewahren, wenn andere in einer Notsituation den Kopf verlieren. Kühle Kopfe sind gefragt, die in der kritischen Situation nicht voreilig reagieren, sondern überlegt handeln, ohne aber kostbare Zeit zu verlieren.

In erster Linie ist Prävention die Aufgabe der privaten Sicherheitsdienste: Die Gegenwart von Sicherheitspersonal, der erkennbare Status der Bewachung und Beobachtung, soll bereits im Vorfeld mögliche Täter abschrecken und von einem Übergriff abhalten. Im Bereich des Werkschutzes sind häufig auch rein technische Überwachungen im Rahmen von Rundgängen abzudecken. Die Krise, der Notfall, soll gerade nicht eintreten – Hauptaufgabe ist die Vorbeugung: Zu einem ganz wesentlichen Anteil gehören folglich Routineaufgaben zum Alltag des Werkschutzes. **11**

Ein unbeleuchtetes und unbewachtes Betriebsgelände zum Beispiel bietet keinerlei abschreckende Momente. Da ist der Zaun schnell überwunden, vielleicht sogar niedergerissen oder der Maschendraht aufgeschnitten. Und wenn das Gelände etwas abseits von Wohnbebauung liegt, dann ist nachts, häufig abends schon, die Ungestörtheit garantiert. Da sind Tür und Tor geöffnet für Vandalismus, Diebstahl, Einbruch... Bereits die helle Ausleuchtung eines Betriebsgeländes und die gleichzeitig erkennbare Kameraüberwachung bieten ein erstes Maß an Beobachtungsstatus – und damit auch eine erste Hemmschwelle: Schon die Befürchtung, im Nachhinein durch Kameraaufzeichnungen erkannt und aufgegriffen werden zu können, bietet dem eher unbedarften Gelegenheitstäter eine beachtliche Abschreckung.

Die Wirksamkeit der rein technischen Prävention allerdings ist massiv in Frage gestellt durch Erfahrungen, die man in der Kameraüberwachung von öffentlichen Räumen bisher gesammelt hat: Wenn nicht für eine Täterschaft unmittelbar spürbar hinter der Kameraüberwachung ein System des schnellen und gezielten Zugriffs auf einen Täter steht – d. h. wenn also die Sanktion ausbleibt – dann werden Videoüberwachungen als Prävention nicht ernst genommen. Der Effekt der reinen Installation von Videoüberwachungen, ohne dass eine entsprechende Personaldecke und Organisationsstruktur dahinter stehen, um Täter auch überführen zu können, verpufft wirkungslos: Der Präventionseffekt ist statistisch fast gar nicht bemerkbar („Wie ein Skalpell ohne Chirurg", Seiten 7 ff, in WIK – Nr. 6 / 2007) – und trifft, so kann man daraus nur schließen, tatsächlich nur solche Täterpotenziale, die ohne regelrechte kriminelle Energien handeln (z. B. Frustrationsausbrüche **12** bei Jugendlichen; der Selbstbeweis besonderen Mutes beim Pubertierenden etc.).

**13**  Ein wichtiger Schritt der Prävention ist also die von der Öffentlichkeit wahrnehmbare *personelle* Präsenz: Werkschützer im Bereich privater und öffentlicher Betriebsgelände, Streifendienste in U-Bahn-Anlagen, Einkaufszentren oder Fußgängerzonen, Ordner und Personenschützer bei Großveranstaltungen... Eine relativ kurze Zugriffszeit bei Störungen oder Einbrüchen ist für Jedermann erkennbar und somit für mögliche Täter eine weitere Hemmschwelle, ein höheres Risiko: Ein Übergriff bedarf einer größeren Dreistheit, einer intensiveren Planung und Organisation, ggf. auch einer Gewaltbereitschaft, die sich nicht „nur" gegen Sachen richtet – mit anderen Worten: Die sichtbare personelle Präsenz zur Überwachung drängt den möglichen Täter in höchstem Maße zur willentlichen und vorausschauenden Verletzung von sozialen und organisatorischen Regeln und hält damit die meisten Täterpotenziale bereits von der Regelverletzung ab. Was also einerseits für den Sicherheitsmitarb. durchaus ein unmittelbares und latentes persönliches Risiko ist, das ist für die andere Seite nichts weiter als eine qualifizierte Sicherheitsstufe: Für den Auftraggeber wie auch für den Versicherer sinkt das Schadensrisiko.

**14**  Aber ich will nun auch nicht zu sehr dramatisieren: Neben der Eindämmung von Einbruch-, Vandalismus- und Diebstahlschäden ist eine wichtige und fast stets mit abgedeckte Aufgabe im Werkschutz die Begrenzung von Sachschäden durch Früherkennung – und damit die Eingrenzung des Schadensumfanges durch Verhinderung von Schäden oder zumindest durch die schnellere Reaktion auf einen Schadensfall. Oft wären für den Auftraggeber Versicherungsprämien gar nicht finanzierbar, wenn nicht die Versicherungsprämie erst durch die ständige und personelle Besetzung von Versicherungsobjekten zu einer diskutablen Größenordnung reduziert würde. Schon allein dadurch leisten Sie also Ihren unmittelbaren Beitrag zu einem letztlich besseren Betriebsergebnis – was ganz im Gegensatz zu der häufigsten Einstellung steht, die bei Unternehmern anzutreffen ist, nämlich dass jeglicher Personalaufwand außerhalb verkaufbarer Produktionsgüter oder Dienstleistungen schlichter Kostenballast seien!

Ich muss das an dieser Stelle einmal hervor heben, um etwas für Ihr Selbstbewusstsein zu tun, denn offen ausgesprochen oder versteckt zum Ausdruck gebracht stellen Sie fast durchweg für den Auftraggeber eine unproduktive Lästigkeit dar. Das wird man Sie oft genug auch spüren lassen – nicht nur durch die geringst mögliche personelle Besetzung eines Objektes oder geringst mögliche Ausstattung einer Veranstaltung mit

Sicherheits- und Ordnerpersonal oder oder... Sondern auch durch offene oder verdeckte Unmutsäußerungen vonseiten der Auftraggeber und zuletzt auch durch Vertragsabschlüsse mit dem Sicherheitsdienstleister, die Sie als Arbeitnehmer in der mageren Lohntüte finden oder die Sie als Sicherheitsdienstleister in ein Betriebsergebnis zu wandeln versuchen, das Ihr unternehmerisches Engagement noch rechtfertigt. – Wenn ein Sicherheitsunternehmer allerdings nicht einmal den Tariflohn an seine Sicherheitsmitarb. weiter gibt, dann hat er entweder ein zu niedriges Kampfangebot abgegeben, um einen Auftrag zu erhalten... oder aber er erwartet eine zu hohe Gewinnmarge für sich selbst.

Sicherheitsmitarb. stehen überwiegend auch in engem Kontakt und ggf. in Reibung mit anderen Menschen, mit der Öffentlichkeit. Und hier gibt es viel Konfliktpotenzial, denn im Alltagsgeschäft kann man nicht in jedem einen Täter sehen oder in jeder Situation vom Recht des Auftraggebers reden – oft geht es einfach um Differenzen, die entstehen, wenn Mitarb. der Sicherheitsbranche Regeln der öffentlichen oder privaten Ordnung auszuführen, zu überwachen, durchzusetzen haben. Da geht es dann oft um Ordnungsregeln, die zwar als unangenehm empfunden, aber – menschlich und verständlich transportiert – auch überwiegend verstanden und befolgt werden. **15**

Nicht nur in Punkto Rechts- und Sachkenntnis entdeckte also der Gesetzgeber Handlungsbedarf, sondern auch in Angelegenheiten des zwischenmenschlichen Umgangs: In den 90er Jahren wurde in die GewO eine Bestimmung aufgenommen, die als „34a" bekannt ist. Heute darf niemand mehr in der Bewachungsbranche tätig sein, der nicht die vorgeschriebene theoretische Unterweisung genossen hat. Eine Übergangsregelung sorgt dafür, dass zumindest Mitarb., die vor dem 31. März 1996 bereits in der Branche tätig waren, eine Unterweisung nach § 34a GewO nicht vorzuweisen brauchen (§ 17 Abs. 1 BewachVO). **16**

Ohne diese Übergangsregelung hätte man dereinst von einem auf den anderen Tag die überwiegende Zahl der Sicherheitsmitarb. und auch Sicherheitsunternehmer ins Unrecht gesetzt – oder aber sowohl die überwiegende Zahl der Sicherheitsmitarb. arbeitslos gemacht, als auch die Branche an sich aufgrund des Personalmangels handlungsunfähig gemacht. Und bis in die Gegenwart wirkt die juristische Unterstellung nach, dass die lange Berufspraxis einen Kenntnisstand mit sich bringt, der den Kenntnissen aus der 40-stündigen Unterrichtung gleich kommt.

Soviel zur Theorie. Die Realität des Bewachungsgewerbes weicht auch heute noch „gelegentlich" von der gesetzlichen Vorgabe ab (ohne statistische Erhebungen zu diesem Thema zu kennen, ohne auch nur statistische Andeutungen riskieren zu wollen, und ohne boshafte Unterstellungen üben zu wollen).

Dass Sie sich diesem Buch widmen, zeigt, dass Sie sich eine weiter reichende Grundbildung zu den rechtlichen Aspekten der Bewachungstätigkeit aneignen wollen. Dem §34 a GewO will ich mich aber im nächsten Kapitel widmen, ehe ich dann Grundkenntnisse angehe, praxisorientiert an Probleme heran führe, über die dringende Erfordernis hinaus die rechtliche Materie nahe bringe – und schließlich auch erweiternd Problemfälle beleuchte, um ein Gesamtverständnis vom Praxisgebiet der Sicherheitsdienstleistung zu ermöglichen.

# „... mit den notwendigen rechtlichen Vorschriften vertraut..."

## § 34a GewO i. V. m. § 3 BewachV

Was mit der reinen Teilnahmepflicht an 24 Stunden Grundun- **17**
terweisung begonnen hatte, sind heute schon 40 Stunden, an
deren Ende zumindest eine kleine Prüfung steht, um den Ernst
der Unterweisung zu unterstreichen. Wer ein Sicherheitsgewerbe eröffnen möchte, muss sich einer Schulungsmaßnahme von
insgesamt 80 Stunden unterziehen. Für bestimmte Einsätze
aber schreibt der § 34a GewO ganz klar die so genannte Sach-
kunde-Prüfung vor.
**Lassen Sie mich beginnen mit § 34a Abs. 1 Satz 4 GewO:**
*„Der Gewerbetreibende darf mit der Durchführung von Bewa-*
*chungsaufgaben nur Personen beschäftigen, die die Vorausset-zun-*
*gen nach Satz 3 Nr. 1 und 3 erfüllen."*

Da eine Prüfungspflicht fehlt und sich das Ganze nur „Unterrichtung" **18**
nennt, sichert andererseits der Gesetzgeber den Industrie- und Handelskammern mit § 2 BewachV die Schulungskompetenz. Das heißt,
während jeder sich für die Sachkundeprüfung den Stoff so aneignen
kann, wie immer er es für sich persönlich angemessen findet (zum
Beispiel durch eine private Akademie, die Vorbereitungslehrgänge anbietet) und dann zur kostenpflichtigen Prüfung bei der IHK erscheint,
kann man die Unterweisungen nach § 34 a GewO nur bei der IHK belegen!
Würde diese Grundunterweisung prüfungspflichtig, so machte das
den Weg frei zur freien Lehre, so wie es auch für die Sachkundeprüfung gilt – es entstünde eine Konkurrenzsituation, die die Qualität der
Unterrichtung vielleicht verbessern könnte. Möglicherweise aus wirt-
schaftlichen Gründen, so muss man also leider unterstellen, fehlt der
Gesetzgebung ein dahin gehendes Interesse: Die Industrie- und Handelskammern genießen das alleinige Recht, die Unterrichtungen nach
§ 34a GewO zu geben.
Man muss nun aber auch ehrlicherweise sagen, dass zumindest verschiedene Industrie- und Handelskammern offen für Vorschläge von
Arbeitgebern sind, was die Dozenten betrifft. Die Kammern bleiben
dann lediglich weiterhin diejenigen Institutionen, die den Dozenten
beauftragen. Ob das allerdings eine Wettbewerbssituation schafft, die
positiven Einfluss auf die Qualität der Unterrichtungen nimmt, darf
zumindest angezweifelt werden.

**Ganz klar wird nach § 34a Abs. 1 Satz 4 GewO die Auswahl**
**seiner Sicherheitsmitarb. grundsätzlich dem Gewerbetreibenden**
**überlassen; etwas anderes widerspräche ja auch der unterneh-**
**merischen Freiheit und Selbstbestimmung.**
**Aber auferlegt wird dem Gewerbetreibenden, gewisse Sorgfalts-** **19**
**pflichten zu erfüllen. Eine davon ist es, seine Mitarb., die er mit**

Sicherheitsdienstleistungen betrauen will, nach persönlicher und fachlicher Eignung sorgfältig auszuwählen und bei der fehlenden fachlichen Qualifikation dem künftigen Mitarb. eine Qualifizierungsmaßnahme angedeihen zu lassen.

Das sind in weiten Zügen dieselben Qualifizierungen, die auch der Gewerbetreibende erbringen muss – andernfalls ihm die Erlaubnis für das Gewerbe vorenthalten werden muss! Die Unterrichtung für den Gewerbetreibenden ist jedoch doppelt so umfangreich und entsprechend teilweise auf ihn als künftigem Arbeitgeber zugeschnitten.

*„Die Erlaubnis* [hier: die Erlaubnis, ein Bewachungsgewerbe zu eröffnen] *ist zu versagen, wenn*

*1. Tatsachen die Annahme rechtfertigen, daß der Antragsteller die für den Gewerbebetrieb erforderliche Zuverlässigkeit nicht besitzt,*

*[...]*

*3. der Antragsteller nicht durch eine Bescheinigung einer Industrie- und Handelskammer nachweist, daß er über die für die Ausübung des Gewerbes notwendigen rechtlichen Vorschriften unterrichtet worden ist und mit ihnen vertraut ist."*

Nummer 1 dieser Vorschrift stellt also auf persönliche Eignung einschl. strafrechtlicher Belange ab (so können Vorstrafen z. B. das Anliegen vereiteln, sich in der Sicherheitsbranche zu betätigen!), während Nummer 3 ganz konkret die Fähigkeit des in der Sicherheitsbranche tätigen Unternehmers oder (i. V. m. § 34a Abs. 1 Satz 4 GewO) des Sicherheitsmitarb. betrifft, die an ihn gestellten Anforderungen rechtlich einordnen und bewerten zu können.

**20**  Was sind Bewachungsaufgaben? Das erklärt der § 34a Abs. 1 Satz 1 GewO:

*„Wer gewerbsmäßig Leben oder Eigentum fremder Personen bewachen will (Bewachungsgewerbe), bedarf der Erlaubnis der zuständigen Behörde."*

Aber dieser Satz erklärt es nicht gut: Wie ich gleich an einem Beispiel verdeutlichen will, leistet die Formulierung Ihrer Verwirrung nur nutzlos Vorschub. Deshalb erlauben Sie mir anzumerken, dass es meines Erachtens richtig heißen sollte:

*„Wer gewerbsmäßig das Leben oder den* **Besitz** *fremder Personen bewachen will..."*

Aber um Sie weder auf die Folter zu spannen, noch Sie nun meinerseits zu irritieren, hier ein Beispiel, mithilfe dessen ich das Problem erhellen will:

**21**  Die „Spitz & Findig IT-GmbH", vertreten durch den Geschäftsführer Kurt Spitz, beauftragt den Sicherheitsunternehmer Augauf, außerhalb der Geschäftszeiten ihr Unternehmen mit zwei Werkschützern zu bewachen. Nachdem das Ordnungsamt den Augauf einigen Überprüfungen vor Eröffnung seines Bewachungsgewerbes unterzogen hatte, erinnert sich der durchaus an dem Bewachungsauftrag interessierte Unternehmer Augauf an den § 34a GewO – und wird skeptisch, ob er den Auftrag überhaupt annehmen kann.

Er findet über die „Spitz & Findig GmbH" Folgendes heraus: Der Kaufmann Kurt Spitz und der Informatiker Bruno Findig haben vor einem Jahr ihr IT-Unternehmen eröffnet. Mangels Startkapital haben sie für ihre gesamte Ausrüstung an Rechnern und Hardware-Umgebung Leasing-Verträge abgeschlossen; das Gebäude, das sie als Sitz ihres Unternehmes auserkoren haben, haben sie nur gemietet. Nachdem Augauf also feststellt, dass den beiden jungen Unternehmern wahrscheinlich nicht viel mehr als Schreibtische, Stühle und ihre Fahrzeuge ihr Eigen nennen können, sieht er große Probleme auf sich zukommen. Augauf macht sich auf, um Herrn Spitz aufzusuchen und ihm das Problem zu erläutern: Nach seiner Auffassung können die beiden Unternehmer Spitz und Findig eine Bewachung ihres Unternehmens gar nicht in Auftrag geben, weil es an dem laut § 34a Abs. I Satz I GewO erforderlichen Eigentum fehle. Und da der Augauf sein gerade erst eröffnetes Gewerbe nicht aufs Spiel setzen will, meint er, die Finger besser davon lassen zu sollen.

Als Augauf durch die Straße zu seinem Auto hetzt, da begegnet er zufällig seinem alten Schulkameraden Gert Advokat. Nach einem kurzen „Hallo!", „Wie geht's denn?" und „Ist ja schon eine Ewigkeit her..." stellt Augauf fest, dass sein alter Kamerad heute eine Anwaltskanzlei betreibt. Also schildert er ihm sein Problem. ...das schallende Gelächter des Advokat zieht sich laut durch die ganze Straßenschlucht. „...'tschuldigung..." stammelt Gert Advokat unter kaum beherrschbarem Lachen.

Selbstverständlich scheitert die Übernahme des Bewachungsauftrages **nicht** daran, dass Spitz und Findig weder Eigentümer der Immobilie sind, noch Eigentümer ihrer Computer-Ausrüstung. Die Unternehmer sind rechtmäßige Besitzer der Immobilie (eben als Mieter) ebenso wie der ganzen technischen Ausrüstungen. Und entsprechend haben sie gewisse Verpflichtungen. Möglicherweise wird ein Versicherungsagent auch noch nahe legen, gewisse Maßnahmen der Prävention zu ergreifen, um die Versicherungsprämien für ihr Unternehmen in einem angemessenen Rahmen zu halten.

Während der Gesetzgeber in der oben bereits zitierten Weise **22** zum Ausdruck gebracht hat, dass derjenige, der von einem Sicherheitsunternehmer mit Bewachungsaufgaben betraut werden soll, die erforderliche Zuverlässigkeit besitzen muss, wird der Gesetzgeber dann in Abs. 4 noch konkreter.

ABER: In Abs. 1 **verpflichtet** die Gesetzgebung **den Unternehmer** zu besonderer Sorgfalt bei der Auswahl seiner Mitarb. – Abs. 4 räumt der Behörde ein, ein **Beschäftigungsverbot** auszusprechen, wenn der Unternehmer die geforderte Sorgfalt nicht erbringt!

Ich stelle ggü. und passe dazu die Formulierung des Abs. 1 so an, dass man ihn – bezogen auf den abhängig beschäftigten Sicherheitsmitarb. – fließend lesen kann:

§ 34a Abs. 1 GewO, für den Sicherheitsmitarb. sinngemäß:
**Der Gewerbetreibende darf mit der Durchführung von Be-**

wachungsaufgaben keine Personen beschäftigen, die nicht die für das Bewachungsgewerbe erforderliche Zuverlässigkeit besitzen.

und § 34a Abs. 4, wörtlich:

*„Die Beschäftigung einer Person, die in einem Bewachungsunternehmen mit Bewachungsaufgaben beschäftigt ist,* **kann dem Gewerbetreibenden untersagt werden, wenn** *Tatsachen die Annahme rechtfertigen, dass* **die Person die für ihre Tätigkeit erforderliche Zuverlässigkeit nicht besitzt.** *"*

Mit anderen Worten: Der Gesetzgeber räumt dem Schutz des Dritten – also zum Beispiel eines Unternehmers, der seinen Besitz oder sein Eigentum oder gar sein eigenes Leben in fremde Hände gibt – einen so hohen Stellenwert ein, dass er es als notwendig und angemessen ansieht, ein Schutzverhältnis von behördlicher Seite zu unterbinden, wenn der berechtigte Zweifel besteht – siehe: „[...] die Annahme rechtfertigen, dass die Person die [für die Bewachung] erforderliche Zuverlässigkeit nicht besitzt" – dass die zu schützende Person direkt oder indirekt einer neuerlichen Gefahr ausgesetzt würde – nämlich der Gefahr, dass der Beschäftigte aufgrund mangelnder Zuverlässigkeit die Schutzaufgabe gar nicht erfüllen kann oder dass der Sicherheitsunternehmer oder der Sicherheitsmitarb. sogar selbst das zu schützende Gut oder die zu schützende Person gefährden könnte!

Mit der mangelnden Zuverlässigkeit sind im Wesentlichen strafrechtliche Belange angesprochen.

**23** In Abs. 5 Satz 1 des § 34a GewO konkretisiert die Gesetzgebung die Handlungsbefugnisse des Sicherheitsmitarb. sehr genau und unmissverständlich; insbesondere wird hervor gehoben, dass dem privaten Sicherheitsdienst *keinerlei hoheitlichen Rechte* zustehen:

*„Der Gewerbetreibende und seine Beschäftigten dürfen bei der Durchführung von Bewachungsaufgaben ggü. Dritten nur die Rechte, die Jedermann im Falle einer Notwehr, eines Notstandes oder einer Selbsthilfe zustehen, die ihnen vom jeweiligen Auftraggeber vertraglich übertragenen Selbsthilferechte sowie die ihnen ggf. in Fällen gesetzlicher Übertragung zustehenden Befugnisse eigenverantwortlich ausüben."*

Besonders wichtig ist, die Entlastung für den Auftraggeber zu beachten: Der Auftraggeber ist *nicht* für den Sicherheitsunternehmer oder einen Sicherheitmitarb. verantwortlich, wie er es für eigene, bei ihm abhängig Beschäftigte der Fall ist – sondern Sicherheitsunternehmer bzw. Sicherheitsmitarb. handeln *eigenverantwortlich!*

**24** Und mit Satz 2 des Abs. 5 hebt der Gesetzgeber noch einmal ganz konkret hervor, was ohnehin Inhalt aller Selbsthilferechte

ist – nämlich dass zur Abwehr von Angriffen gegen ein Rechtsgut der eigenen oder einer fremden Person nur solche Maßnahmen auch als erlaubt eingeräumt werden, die gerade zur Abwehr
erforderlich sind – die also *angemessen* sind und nicht weiter
reichen, als es *erforderlich* ist, *um die Gefährdungslage zu
beenden*:

*„In den Fällen der Inanspruchnahme dieser Rechte und Befug-
nisse ist der Grundsatz der Erforderlichkeit zu beachten."*

Für den Fall, dass Sie nun beabsichtigen sollten, sich als **25**
Sicherheitsunternehmer selbstständig zu machen, so lassen
Sie mich gleich hier auf die erste Ungemach hinweisen, die Sie
ereilen könnte (glücklicherweise: nicht MUSS!):

Es gibt Ordnungsämter in diesem unserem friedlichen Lande
(Wollen Sie mich etwa sagen hören: in diesem unseren verschla-
fenen Lande? – Nein, nein, muss ich widersprechen. Aber es
gibt verschlafene Landstriche... oder: Landstriche mit verschla-
fenen Behörden.), an denen nicht bekannt ist, dass sich eine
Unterrichtung nach § 34a GewO für Sie erübrigt, wenn Sie bereits höher qualifiziert sind – d. h. wenn Sie die Sachkundeprüfung erbracht haben, wenn Sie nach den alten Regelungen eine
durch die IHK geprüfte Werkschutzfachkraft sind oder wenn
Sie im Rahmen der Ausbildung den Abschluss als Fachkraft für
Schutz und Sicherheit gemacht haben.

Das ist nach Sinn und Inhalt der Weiterbildungen oder der
Ausbildung an sich nur logisch. Aber im Verwaltungswesen ist
nicht unbedingt vermittelbar, was anderen logisch erscheint.
Und da dem Verwaltungswesen offenbar bisweilen klar anord-
nende Schriften fehlen, so könnte es ihnen passieren, dass
Sie als Werkschutzfachkraft eine Gewerbeanmeldung mit der
Begründung abgewiesen bekommen, Sie müssten zunächst die
Teilnahme an der Unterweisung nach § 34a GewO belegen.

(Sie halten mich für einen bösen Zyniker, der nun etwas über die Stränge schlägt? Sie meinen, jetzt ginge die Fantasie mit mir durch? Sie halten
das für einen schlechten Scherz? Oder für einen Behördenwitz?

Ein Gründungswilliger konfrontierte mich mit genau diesem Problem!
Und mein Anruf bei einer der Industrie- und Handelskammern (IHK)
daraufhin war angenehm: Die Dame am Telefon war auskunftsfreudig
und hilfsbereit – sie kannte dieses Problem bereits und war keineswegs
überrascht!)

Sie können bei der IHK im Internet ein Merkblatt zur „Sachkundeprüfung im Bewachungsgewerbe 34a" abrufen, aus dem
1. sinngemäß hervor geht, dass die Sachkundeprüfung bereits
eine Höherqualifizierung ggü. der Grundunterweisung darstellt
und diese deshalb beinhaltet,
2. ausdrücklich ausführt, dass bestimmte Höherqualifikatio-

nen wiederum die Sachkundeprüfung bereits abdecken, und zwar

*„- Laufbahnprüfung zumindest für den mittleren Polizeidienst und*
    *Bundesgrenzschutz;*
*- Laufbahnprüfung für den mittleren Justizvollzugsdienst;*
*- Feldjäger der Bundeswehr;*
*- Fachkraft für Schutz- und Sicherheit*
    *bzw. folgende Weiterbildungsabschlüsse [...]:*
*- Geprüfte Werkschutzfachkraft*
*- Geprüfte Schutz- und Sicherheitskraft*
*- Geprüfter Werkschutzmeister*
*- Geprüfter Meister für Schutz- und Sicherheit".*

Wenn also nichts mehr hilft, dann zumindest mit dem erwähnten Merkblatt der IHK „bewaffnet", sollte Ihnen der glatte Durchmarsch bei den Ordnungsämtern gelingen...

# Exkurs: Das Primat der staatlichen Gewalt

Erlauben Sie mir zur Fragestellung der Befugnisse der privaten Sicherheitsdienste ein kleines Abschweifen hin zum staatlichen Selbstverständnis.

Es könnte nämlich jetzt das **26|** Missverständnis aufkommen, dass in Fällen der Notwehr, Selbsthilfe oder Nothilfe nur der Bürger aufgerufen, nein, *verpflichtet* sei, die Maße einer „lediglich" (oder eben besser: *angemessenen*) abwehrenden Verteidigung einzuhalten – andernfalls er mindestens zivilrechtlich (Schadensersatz für das Opfer einer eskalierten Verteidigung), ggf. aber auch strafrechtlich zur Verantwortung gezogen wird. Es könnte also jetzt das Missverständnis aufkommen, dass der Staat für sich ein Gewaltmonopol in Anspruch nähme, dass einer angemessenen Beschränkung auf die Gefahrabwendung *nicht* unterliege. Und das ist nicht so!

Um dies einmal zu beleuchten, möchte ich an ein Ereignis vom 27. Juni 1993 erinnern. Im Rahmen eines sorgfältig geplanten Zugriffs durch Bundeskriminalamt, Polizei und GSG-9 sollen die RAF-Mitglieder Birgit Hogefeld und Wolfgang Grams auf dem Bahnhof von Bad Kleinen, am Nordufer des Schweriner Sees gelegen, festgenommen werden. Der Zugriff auf Grams misslingt und am Ende seines Fluchtversuchs steht sein Tod infolge eines aufgesetzten Kopfschusses. Ein Sturm zwischen Schock und Erleichterung, zwischen Entsetzen und Empörung ging durch die Republik. Intensive Ermittlungen blieben ohne klares Ergebnis: War es ein durch

eine polizeiliche Kraft willentlich verübter Kopfschuss aus nächster Nähe? War es ein versehentlich gelöster Schuss aus der zum Zwecke der Bedrohung vorgehaltenen Waffe? Oder war es der Freitod durch die eigene Waffe des RAF-Mitgliedes in Ansehung der drohenden Verhaftung?

Man möge sich in Ansehung der unklaren Ermittlungsergebnisse dazu stellen, wie man es für angemessen hält – aber bitte ohne voreilige Verurteilungen in irgendeiner Richtung. Die Staatsanwaltschaft hat letztlich als Abschluss der Ermittlungen veröffentlicht, dass der im Fluchtversuch rückwärtig auf die Gleise fallende Grams seiner Verfolgung selbst ein Ende gesetzt habe – und zwar durch den mit aufgesetzter Handfeuerwaffe vollzogenen Kopfschuss. Um klar zu stellen, ob die Vorwürfe einiger Zeugen wahr seien, das Ende Grams sei von polizeilicher Seite mit aufgesetzter Waffe am Kopf des hilflos auf den Gleisen strauchelnden Grams geregelrecht vollstreckt worden, war eine umfangreiche Untersuchung durchgeführt worden. Eines also hat dieser Fall zumindest sehr deutlich gezeigt: Auch die staatlichen Organe sind im Selbstverständnis unserer Gesellschafts- und Staatsordnung nicht befugt, die Maße der geringst erforderlichen Mittel zu überschreiten.

Wie aber ist das zu verstehen?

Dazu will ich zunächst einmal **27** zurück gehen auf die Kapitelüberschrift: Was hat das „Primat" der staatlichen Gewalt denn überhaupt zu bedeuten? Wem dieser Begriff nicht geläufig ist – was verständlich ist für jeden, der noch keine nähere Berührung hatte mit juristischem Rüstzeug – der wird die Stirn runzeln und raunen: 1. heißt es doch *der* Primat!? Und 2.: Ist das nicht ein Menschenaffe?!

Nun, ganz genau genommen ist „*der* Primat" ein „*Angehöriger der Gruppe von Säugetieren, zu denen Halbaffen, Affen und Menschen gerechnet werden*" (Wahrig – Deutsches Wörterbuch, Bertelsmann Lexikon Verlag).

Aber „*das* Primat" ist die Vorherrschaft oder der Vorrang von etwas. Es ist also die Vorherrschaft der staatlichen Gewalt. Und die hat – allem Anschein des Alltags und allem etwaig verbreiteten Verständnis zum Trotz – nicht etwa die Polizei inne!

**28** Sondern die staatliche Gewalt ist die tatsächliche Ausübung der staatlichen Regelungen in jeder Beziehung. D. h.

1. der Gesetzgebung, und
2. der Rechtsprechung.

Dort, wo die Gesetzgebung keine Klarheit hat schaffen können, dort wo besondere Fälle Zweifel aufkommen lassen an der Eindeutigkeit einer bestimmten Regelung, dort wird durch unabhängige Richter nach Maßgabe des Gesetzes Recht gesprochen.

**29** Umgesetzt werden die Gesetze und wird das Recht durch die Länder, in bestimmten Ausnahmen auch durch Bundesbehörden. Im Rahmen der ausführenden Gewalt stellt die Polizei eines von verschiedenen Organen dar – und ist eine Hilfskraft bzw. ein Hilfsorgan. Die Polizei ist nicht die so genannte Exekutive (die ausführende Gewalt eben) an sich!

Und der Fall um den RAF-Terroristen Grams bzw. die seinem Tode folgenden und sehr aufwändigen Ermittlungsversuche zeigen beispielhaft, dass auch die staatliche Gewalt sich selbst das Maß der geringst möglichen Mittel auferlegt hat, die erforderlich sind, um Recht und Gesetz des Staates durchzusetzen. Es ist die geringst mögliche Gewaltanwendung zu üben, um einen mutmaßlichen oder auf frischer Tat gestellten Täter der ordentlichen Gerichtsbarkeit zu überstellen.

Man hat eine Frau Hogefeld festgenommen, und man hätte auch einen Herrn Grams festgenommen. Dessen Fluchtversuch jedoch hat zu einer Gewalteskaltion im Rahmen des Verhaftungsversuchs geführt, bei dem u. a. ein GSG-9-Beamter an den Folgen einer ebenfalls nicht ohne letzte Zweifel geklärten Schussverletzung starb. Zu behaupten, dass er durch den gezielten Schuss des Terroristen gestorben ist, wäre eine Unterstellung in Ansehung des schließlich unklaren und offenen Ermittlungsergebnisses. Dass es sich um einen Querschläger aus polizeilicher Waffe gehandelt haben könnte, ist schließlich nicht gerade unwahrscheinlich geblieben.

# Das Jedermanns-Recht

Einleitend hierzu kleinere Fallkonstellationen, mit denen ich auch einige Probleme anschneiden möchte, die sich im Sicherheitsdienst in rechtlicher Hinsicht ergeben können.

Der als Werkschützer bei dem Computerhersteller „PC-Revolution GmbH" eingesetzte Herr Flinck, der auch in der Nähe seines Arbeitsplatzes wohnt, nimmt etwa eine halbe Stunde vor Mitternacht einen ausgetretenen Fußweg Heim, der hinter dem Gelände der PC-Revolution entlang führt. Er ist zu diesem Zeitpunkt in Freizeit. Da beobachtet er, wie sich jemand an der Gebäuderückseite zu schaffen macht. **30**

Flinck tritt über die niedriege Einfriedung des Grundstücks, macht sich seine Ortskenntnis zunutze, um den Täter nach verdecktem Anschleichen auf kürzester Distanz zu überraschen, mit einem beherzten Tritt in die Beine zu Fall zu bringen und zu überwältigen. Anschließend ruft er die Polizei. Den Täter hält er in Schach, indem er ihn in der Dunkelheit mit auf dem Rücken verschränkten Armen auf den Boden drückt und ihn bei Eintreffen der Polizei den Beamten übergibt.

Auf welcher Rechtsgrundlage hat Herr Flinck gehandelt?
Da ist man natürlich schnell mit fertig: Der ist doch als Werkschützer bei diesem Unternehmen eingesetzt – da gibt es doch gar keine Fragen mehr!
ABER: Flinck war nicht im Dienst! Also hatte er auch nicht im Auftrag gehandelt. Und so beginnen nun Flincks Probleme, da einer der Polizisten seine Befragung des Herrn Flinck schon begonnen hatte, als der überwältigte Täter noch gar nicht außer Hörweite war. Somit bekam der Täter einige Stichworte mit auf den Weg, die dessen Fantasie sehr deutlich anregten: Gewitzt wirft der Täter dem Herrn Flinck vor, selbst einen Einbruch geplant zu haben, aber gestört worden zu sein, weil er vor ihm vor Ort war – und zu allem Überfluss zeigt er Flinck wegen Körperverletzung an und lässt durch seinen Anwalt Ansprüche auf Schmerzensgeld einklagen. Prellungen an den Unterschenkeln, mit denen er wochenlang zu tun gehabt habe; schmerzende Schultergelenke, die auch erst über Wochen langsam auskuriert seien; ach ja, und die Nackenwirbel... nachdem der Täter ja rund 20 Miunten bäuchlings zu Boden gedrückt mit ganz verdrehtem Kopf gelegen habe... Und schließlich geht er noch gegen Flinck vor wegen Freiheitsberaubung.
Besitzdienerschaft gemäß § 855 BGB kann Flinck nun beim besten Willen nicht geltend machen, war er doch nachweislich nicht im Dienst. **31**
Und plötzlich ist der hilfsbereite Flinck auf sich allein gestellt...
Widmen wir uns also dem ersten Vorwurf, den der Täter gegen ihn erhebt, nämlich dass Flinck seinerseits nur auf Einbruchtour gewesen sei und dann überrascht gewesen sei, dass der Täter schon vor ihm am Tatort gewesen sei und sich demselben

„Objekt der Begierde" bewidmet habe.

**32** Der Täter hat gemäß § 858 BGB selbst in verbotener Eigenmacht gehandelt und wird wohl schwerlich Vorteil daraus schlagen können, wenn er vorträgt, Flinck habe in verbotener Eigenmacht den Besitz der PC-Revolution gestört. Jedwede Ansprüche könnte nur der rechtmäßige Besitzer erheben, also die PC-Revolution

**33** GmbH; auch eine etwaige Anzeige wegen Hausfriedensbruchs gemäß § 123 StGB stünde nur dem rechtmäßigen Besitzer zu. Und in diesem Fall wird *der rechtmäßige Besitzer* wohl wenig Anlass finden, sich mit Ersatzansprüchen an Flinck zu wenden oder gar wegen Hausfriedensbruch strafrechtliche Schritte gegen ihn einzuleiten.

Wie sieht es aber aus mit den Vorwürfen gegen Flinck wegen Körperverletzung? Lassen wir einmal ganz außer Acht, dass der Täter scheinbar simuliert, um etwaige Ansprüche zu erhöhen oder überhaupt erst zu begründen.

**34** § 227 BGB schließt eine Notwehrmaßnahme zugunsten eines Dritten mit ein: „... einen gegenwärtigen Angriff von sich oder einem anderen ab[...]wenden". Und der so genannte *„Dritte"*, also jeder andere als der unmittelbar Betroffene selbst, ist die PC-Revolution GmbH: Flinck beobachtet als Außenstehender den gerade mit dem Einbruch befassten Täter – auf einem Grundstück und an einem Gebäude, für das er selbst keinerlei Rechte geltend machen kann. Dennoch darf er, in Anbetracht der Tatsache, dass der tatsächlich Berechtigte sein Recht auf Notwehr gerade nicht selbst ausüben kann (kein im Namen der PC-Revolution GmbH Berechtigter ist augenscheinlich gerade anwesend), für diesen die Verteidigung des Rechtsguts zu ergreifen.

Der Angriff durch den Täter war *gegenwärtig* – der Täter war gerade dabei, sich an einem der Fenster im Hochparterre zu schaffen zu machen. Nach Kenntnis Flincks sind die Fenster dieses Bürotraktes nicht alarmgesichert, so dass die Überwindung der Fensterbarriere zum ungehinderten Zutritt in das Gebäude geführt hätte – wenn auch nur, wie Flinck weiß, außerhalb bestimmter Alarm gesicherter Bereiche. Die gängigen Werkzeuge, die ein Einbrecher für einen Erfolg versprechenden „Bruch" mit sich führt, wurden am Tatort bzw. in der Kleidung des Täters vorgefunden. Somit steht auch die *rechtswidrige* Absicht, die Vorsätzlichkeit, außer Frage. Der *Angriff* war außerdem in zweierlei Hinsicht gegenwärtig: Der Täter hielt sich unerlaubt auf dem fremden Grundstück auf; *und* der Täter versuchte, mit Gewalteinwirkung Zutritt zu den Gebäuden zu erlangen.

Stellt sich also noch die Frage, ob Flinck die *Verhältnismäßigkeit* seines Zugriffs in Ansehung der drohenden Gefahr gewahrt hatte.

Es geht um die Angemessenheit: *„[...] diejenige Verteidigung,* *welche erforderlich ist [...]"*, heißt es im § 227 Abs. 2 BGB. Nun könnte es natürlich sein, dass Flinck in der besonderen Situation (das Überraschungsmoment und die Dunkelheit der Nacht, die möglicherweise nicht die ganze Situation überblicken ließen) die Grenzen der gebotenen, der angemessenen Vorgehensweise überschritten hatte, mit der er nichts weiter wollte, als dem Angriff ein Ende zu setzen. Möglicherweise hat er ja wirklich zu hart in die Beine des Täters getreten oder ein bisschen hart zugegriffen und damit den Täter in ungerechtfertigter und unverhältnismäßiger Weise verletzt.

Um diese Frage zu klären, schaut man nun am besten einmal ins Strafgesetzbuch: Der § 32 StGB äußert sich zunächst zur Notwehr und entspricht in Abs. 1 dem § 227 Abs. 1 BGB sinngemäß, in Abs. 2 dem § 227 Abs. 2 BGB sogar wörtlich. Sowohl im Zivilrecht (BGB), als auch im Strafrecht (StGB) wird die Notwehrhandlung für „nicht widerrechtlich" (BGB) bzw. „nicht rechtswidrig" (StGB) erklärt. **35**

Das Strafrecht geht dann aber noch einen Schritt weiter, und zwar mit § 33 StGB: *„Überschreitet der Täter die Grenzen der Notwehr aus Verwirrung, Furcht oder Schrecken, so wird er nicht bestraft."* Nun wird man dem im Werkschutz tätigen Herrn Flinck vielleicht anlasten, dass er eher als jedermann sonst in der Lage sein müsse, die Verhältnismäßigkeit seines Zugriffs abzuwägen und einzuhalten. Aber auch ihm wird man zugestehen, dass er in der Dunkelheit der Nacht nicht übersehen konnte, ob der Täter Waffen bei sich trug oder über welche weiteren Gegenstände der Täter verfügte, die er gegen Flinck als Waffen hätte einsetzen können. Also wird Flinck lieber etwas fester zugegriffen und etwas rüder niedergedrückt haben, als es objektiv nötig gewesen wäre, wenn Flinck die volle Einsicht in alle Risiken der Situation hätte gewinnen können. **36**

Und was hat Flinck sonst zur Überwältigung des Täters getan? Er hat dem Täter einen harten Tritt in die Unterschenkel versetzt und ihn damit und mit dem Überraschungseffekt zu Fall gebracht und in eine Lage bringen können, die es Flinck erlaubte, die volle Kontrolle über den Täter zu bewahren – bis zum Eintreffen der Polizei, die er unverzüglich mithilfe seines Handys herbei gerufen hatte. In diese Form der Überwältigung dürfte schwerlich eine Unverhältnismäßigkeit hinein interpretiert werden können.

D. h. dass Flinck nicht nur straffrei ausgeht, sondern auch privatrechtlich gegen ihn keinerlei Schadensersatzansprüche geltend gemacht werden können: Wer den Rechtsvorschriften des Strafgesetzbuches nicht zuwider handelt, kann auch nicht bestraft werden; wer den Vorschriften des Zivilrechtes nicht zuwider handelt, kann auch nicht nach den Grundsätzen des Zivilrechts belangt werden.

Schauen wir uns an, was das BGB zu etwaigen Schadensersatzansprüchen bei „Verletzung einer Person" sagt: § 842 BGB: *„Die Verpflichtung zum Schadensersatz wegen einer gegen die Person gerichteten unerlaubten Handlung erstreckt sich auf die Nachteile, welche die Handlung für den Erwerb oder das Fortkommen des Verletzten herbeiführt."* Gemäß § 227 BGB hat Flinck aber schon gar nicht widerrechtlich, also nicht unerlaubt gehandelt – somit muss man sich gar nicht weiter den Kopf darüber zerbrechen, welche Prellung zu arg, welche Muskelzerrung zu schwer kurierbar, welche Verdrehung von Nackenwirbeln vielleicht vermeidbar gewesen wäre!

Kann der in Notwehr Handelnde deshalb nun tun oder lassen, was er will? Nein! Kann er nicht. Aber dazu später mehr.

**37** Bleibt noch der Vorwurf des Täters gegen Flinck wegen Freiheitsberaubung. Der § 239 StGB hat zum Thema der Freiheitsberaubung schon recht drakonische Ideen parat: Nämlich eine Freiheitsstrafe von bis zu fünf Jahren. Aber auch hier gibt es eine besondere Entlastung für die Ausnahmesituation der Notwehr: **38** § 127 Abs. 1 Satz 1 StPO: *„Wird jemand auf frischer Tat betroffen oder verfolgt, so ist, wenn er der Flucht verdächtig ist oder seine Identität nicht sofort festgestellt werden kann, jedermann befugt, ihn auch ohne richterliche Anordnung vorläufig festzunehmen."* Was ist eine solche ***vorläufige Festnahme***? Nun, sie setzt einfach voraus, dass die baldmögliche Übergabe an eine berechtigte Obrigkeit, also an ein staatliches Organ beabsichtigt und bewirkt (Verständigung der Polizei) ist. Dabei hat die ***Anforderung*** von Polizei den Vorrang: Ist die Polizei erst verständigt, hat derjenige, der jemanden unter den Voraussetzungen der vorläufigen Festnahme in seiner Freiheit beschränkt, nicht mehr zu verantworten, wenn die Polizei mit erheblicher Verzögerung eintrifft und deshalb etwaig der Vorläufigkeitscharakter in Zweifel geraten könnte. Die Vorläufigkeit bemisst sich also nicht in absoluten Zeitmaßen, sondern daran, dass die Benachrichtigung zur Übergabe an die staatliche Obrigkeit zumindest unmittelbar bevor steht oder schon abgeschlossen ist. Sie machen sich also dann nicht strafbar.

**39** Selbst wenn nach StPO eine vorläufige Festnahme nicht strafbar ist, so könnten sich nach dem Zivilrecht aber Schadensersatzansprüche des Festgenommenen ergeben. Also lesen wir nun dazu auch im BGB – und hier möchte ich nun alles aus dem § 229 BGB wegschälen, was nicht unmittelbar die vorläufige Festnahme betrifft, und dann liest sich das so: *„Wer zum Zwecke der Selbsthilfe [...] einen Verpflichteten, welcher der Flucht verdächtig ist, festnimmt [...],* **handelt nicht widerrechtlich,** *wenn obrigkeitliche Hilfe nicht rechtzeitig zu erlangen ist und ohne sofortiges Eingreifen die Gefahr besteht, dass die Verwirklichung des Anspruchs vereitelt oder wesentlich erschwert werde."* Hier

nun bezieht sich die Widerrechtlichkeit wieder auf das Gesetz selbst, also das BGB, also auf mögliche zivilrechtliche Ansprüche – d. h. dass zivilrechtliche Forderungen gegen ihn dann ausgeschlossen sind. Jedoch nur im Rahmen der „Grenzen der Selbsthilfe (§ 230 Abs. 1 BGB): *„Die Selbsthilfe darf nicht weiter gehen, als zur Abwendung der Gefahr erforderlich ist."* **40**
Ein Rahmen der Erforderlichkeit und Angemessenheit ist demnach stets einzuhalten. Nicht jede Situation also ist gleich ein Fallmuster der vorläufigen Festnahme und damit entschuldigt! Einmal überspitzt, um es zu verdeutlichen: Wer einen auf der frischen Tat angetroffenen Täter überwältigt und festnimmt, wer ihn auf einem Stuhl fesselt, wer ihm zu Trinken einflößt, ihm dann aber wegen der „Fluchtgefahr" später den Gang zur Toilette verweigert, wer den Täter also schließlich in der ärgsten Notdurft nicht befreit („Ha! Geschieht Dir ganz recht!"), wer den Täter so eine gewisse Zeit sitzen lässt, sich erst einmal einen gepflegten Kaffee bereitet, dazu ein paar Plätzchen schmaust, wer dann in aller Ruhe zum Ort des Zugriffs schleicht und etwaige Beschädigungen, die der Täter durch den versuchten Einbruch verursacht hat, begutachtet, wer also schließlich mit gehöriger Verspätung die Polizei hinzu ruft... derjenige hat nicht nur die Grenzen der Vorläufigkeit eindeutig überschritten, sondern (hier nur am Rande erwähnt) auch noch den Tatbestand der Freiheitsberaubung (§ 239 StGB) erfüllt!
Klopfen wir mal eben die übrigen Voraussetzungen des § 127 **41** StPO ab:
– „auf frischer Tat betroffen" bedeutet, den Täter während der Tat, also beim Einbruch, Überfall oder Diebstahl unmittelbar angetroffen zu haben;
– „auf frischer Tat [...] verfolgt" bedeutet, den Täter in der unmittelbaren Folge des Einbruchs,des Überfalls oder des Diebstahls zu verfolgen mit der Absicht, ihn unmittelbar zu stellen;
– „der Flucht verdächtig" bedeutet, dass man (vielleicht aufgrund der Schwere des Delikts) davon ausgehen muss, den Täter später nicht an Ort X oder Y antreffen zu können, obgleich die Person an sich durchaus bekannt ist;
– „seine Identität nicht sofort festgestellt werden kann" bedeutet, dass man die Person nicht kennt und die Person keine Ausweispapiere vorweisen kann, um sich zu identifizieren, oder die Person überhaupt die Identifikation verweigert (wozu jedermann berechtigt ist – außer ggü. der Polizei, die obrigkeitliche Rechte hat und die Identifikation der Person verlangen kann!).
Bleiben wir beim Fall und den gegebenen Informationen, so werden wir feststellen, dass Flinck den Täter gar nicht kennt oder aber in der Dunkelheit nicht erkannt hat. Außerdem hat er unverzüglich die Polizei verständigt und den Täter nächstmöglich

an die Obrigkeit übergeben. Die ausdr. Befugnis des § 127 StPO zu der vorläufigen Festnahme ist Flinck damit zuzusprechen. Es lag kein widerrechtlicher Freiheitsentzug vor.

**Ein anderes Fallbeispiel zur Angemessenheit einer Maßnahme bzw. Vorgehensweise:**

**42** Ein Ladenbesitzer wechselt unmittelbar vor seinem Ladenlokal einen platten gegen den Reservereifen seines Fahrzeugs. Eine Verkäuferin ist im Ladenlokal anwesend. Plötzlich beobachtet er, wie eine ihm unbekannte Person die Ladentür aufstößt und fort rennt – die Kassenlade unter dem Arm. Geistesgegenwärtig springt der Ladenbesitzer auf und verfolgt, mit dem Schlüsselkreuz in der Faust, den Täter im Laufschritt.

I. Er schlägt dem Täter im Laufen mit dem Schlüsselkreuz gegen die Oberschenkel. Der Täter stürzt daraufhin, schlägt mit dem Kopf an den Bordstein des Straßenrandes und erleidet eine schwere Kopfverletzung.

**43** Verhältnismäßigkeit der Mittel gegeben, da der Verfolger in erster Linie die Fluchtfähigkeit des Täters beeinträchtigt hat. Dass der Täter in Folge seines Sturzes mit dem Kopf auf den Bordstein aufschlägt, musste der Verfolger nicht voraussehen und berücksichtigen.

**44** 2. Der Ladenbesitzer schlägt dem Täter im Laufen mit dem Schlüsselkreuz nach dem Kopf und trifft den Täter im zweiten Versuch so hart am Hinterkopf, dass der einen Schädelbasisbruch erleidet.

**45** Verhältnismäßigkeit der Mittel *nicht* gegeben, da der Verfolger in Ansehung des waffenähnlichen Gegenstandes mit einer schweren Kopfverletzung rechnen musste; erforderlich zur Vermeidung der weiteren Flucht war die vorsätzliche Verletzung des Kopfes auf gar keinen Fall.

In diesem Beispiel übrigens haben wir es mit dem Tatbestandsmerkmal des „auf frischer Tat [...] verfolgt" zu tun – ein Merkmal, das in verschiedenen Rechtsvorschriften immer wieder auftaucht. Nehmen wir uns gleich ein Fallbeispiel vor, bei dem wir dieser Verfolgung begegnen:

**Ein Fallspiel, die „Selbsthilfe des Besitzers" betreffend:**

**46** Andreas Amann ist beim Uhrmacher und legt diesem ein wertvolles Erbstück vor, an dem ein Glied des Uhrenarmbandes defekt ist. Die Uhr liegt offen präsentiert auf einem Auslagentisch, während Amann vor diesem Tisch steht und wartet, während der Uhrmacher mit der Bitte um Geduld nach hinten geht und schauen will, ob er das nötige Ersatzteil nicht sogar vorrätig habe, so dass er die Uhr unmittelbar reparieren könnte. Da springt ein junger Mann hervor, der bisher unauffällig und unentschlossen die verschiedenen Auslagen betrachtet hatte, stößt Amann beiseite und greift im Fortlaufen die Uhr.

Geistesgegenwärtig nimmt Amann die Verfolgung auf, bekommt nach relativ kurzem Sprint durch die Fußgängerzone den Täter an der Jacke zu packen, reißt ihn herum, schlägt ihm mit der flachen Hand ins Gesicht und nutzt das Überraschungsmoment, um dem Täter die Uhr wieder abzunehmen.

Amann hält den Täter in Schach und ruft mit seinem Handy die Polizei hinzu; er

Bleiben wir erst einmal im Zivilrecht: Der vorliegende Fall ist ein **47** klarer Fall des § 859 BGB, der ausdr. die Selbsthilfe des Besitzers legitimiert und dazu sogar Gewaltanwendung einräumt. Der Fall liest sich beinahe, wie aus Abs. 2 des § 859 BGB abgeschrieben: „*Wird eine bewegliche Sache* (hier die Uhr) *dem Besitzer* (Amann) *mittels verbotener Eigenmacht* (dem jungen Mann war nicht erlaubt worden, die Uhr an sich zu nehmen) *weggenommen, so darf* (**Legitimation!**) *er* (der Besitzer = Amann) *sie dem auf frischer Tat betroffenen* (das wäre bei Ergreifung noch im Laden der Fall gewesen) *oder* (wiederum auf frischer Tat, also in unmittelbarem zeitlichen Zusammenhang mit der begangenen Tat!) *verfolgten Täter* (Verfolgung lag vor) *mit Gewalt* (an der Jacke zerren; Schlag ins Gesicht) *wieder abnehmen* (Amann nimmt die Uhr wieder an sich).“

Hier möchte ich erläuternd anfügen und noch einmal ausdrücklich ver- **48** deutlichen, was es auf sich hat mit dem „*auf frischer Tat betroffenen oder verfolgten Täter*". Diese Verfolgung ist nämlich, wie ich nun einmal begrifflich zu trennen versuchen möchte, eine *unmittelbare Tatverfolgung*, jedoch *auf keinen Fall* eine *Strafverfolgung*. Nehmen wir an, der Täter ist entwischt; der Geschädigte kennt aber den Täter und ruft aus: „Na warte! Ich weiß ja, wo der wohnt…" Wenn der Geschädigte sich nun aufmachte, um den Täter daheim zu empfangen, wenn dieser erst ahnungslos Heim kommt, dann wäre das bereits Strafverfolgung – also „Hoheitsgebiet" der Polizei! Der Geschädigte hat der Polizei ggü. Anzeige zu erstatten und alle Angaben zu machen, die zur Ergreifung des Täters führen.

Kleiner Exkurs ins Strafrecht: Amann erstattet Anzeige. Aber **49** aus welchem Grunde? Er hat doch seine Uhr wieder!
§ 242 StGB sagt über den Diebstahl, dass schon der Versuch strafbar sei.
Aber: Der Diebstahl ist ein so genanntes Antragsdelikt (siehe § 242 Abs. 2 StGB) – das will sagen, dass nur auf den Antrag des Geschädigten hin, die Tat strafrechtlich zu verfolgen ist, die Staatsanwaltschaft nur auf den Antrag hin ermittelnd und ggf. anklagend einschreitet. Ohne diesen Antrag (die so genannte Anzeige) bleibt die Tat – auch wenn sie **durch den Mangel der Strafverfolgung nicht legitimiert** ist (also weiterhin eine strafbare Handlung ist!) – **strafverfolgungsfrei**. Das heißt auch – ohne dass dieses Thema hier ins Detail hinein beleuchtet werden soll – dass unter Berücksichtigung entsprechender Verjährungsfristen der Betroffene, der Geschädigte, der Bestohlene sich auch noch nach einiger längerer Zeit überlegen kann, dass er ein Interesse der Strafverfolgung sieht und deshalb nachträglich Anzeige erstatten kann.

In diesem Fall nun aber war der Diebstahl nicht erfolgreich. Amann hat sich durch die Selbsthilfe des Besitzers den zunächst gestohlenen Gegenstand zurück genommen. Damit ist alles wieder beim Alten. Welches Strafverfolgungsinteresse sollte Amann da noch haben?

Nehmen wir den Fall noch „weicher" an:

**50** Da springt ein junger Mann hervor, der bisher unauffällig und unentschlossen die verschiedenen Auslagen betrachtet hatte, stößt Amann beiseite und greift im Fortlaufen nach der Uhr. Amann aber tritt, während er zurück taumelt, mit seinem rechten Bein vor und bringt damit den Täter zum Stolpern. Dem Täter entgleitet die Uhr. Amann rappelt sich schnell wieder auf und ergreift den strauchelnden Täter. Dann fordert er den Uhrmacher auf, die Polizei hinzu zu rufen – er werde Anzeige erstatten.

Der Diebstahl hatte ja in diesem Fall noch nicht einmal vorübergehend stattgefunden. Da hat Amann ja erst recht kein Rechtsschutzinteresse vorzuweisen!

Hat er nicht?

**51** § 242 Abs. 2 StGB: *„Der Versuch ist strafbar."*

Nun liegt es also tatsächlich zunächst im Ermessen des Geschädigten (oder des beinahe Geschädigten), ein Interesse der öffentlichen Strafverfolgung anzuerkennen oder aber zu verneinen – und somit eine Anzeige zu erstatten oder aber eine Anzeige zu unterlassen. Hat er erst einmal Anzeige erstattet, so kann er die weitere Verfolgung nicht mehr beeinflussen:

Im *Zivilrecht* stehen sich immer zwei häufig konträr interessierte Parteien ggü., die beide in ihrem jeweiligen Interesse versuchen, auf Prozessverlauf und Richterentscheid, auf Schlichterspruch oder auch nur im Wege der gegenseitigen Verhandlung möglichst zu den eigenen Gunsten Einfluss zu nehmen. Im *Strafrecht* geht es um die öffentliche, um die im Interesse der Allgemeinheit stehende, um die obrigkeitliche Verfolgung von Straftaten, in der (wenn man das überhaupt so ausdrücken möchte) als Parteien die Gesellschaft insgesamt, vertreten durch die Staatsanwaltschaft, und der Täter sich ggü. stehen.

Nur interessehalber – das Interesse des Lesers vorausgesetzt – sei hier **52**
erwähnt, dass anders als z. B. in den Vereinigten Staaten von Amerika in
Deutschland die Staatsanwaltschaft *nicht* nur die anklagende Seite ist,
sondern in ihrer Funktion als Organ der staatlichen Obrigkeit und der
Ermittlung zur Neutralität verpflichtet ist. (Dass staatsanwaltschaftli-
ches Vorgehen in Abhängigkeit von Rang und Namen des Betreffenden
den Rahmen der Neutralität vermissen lassen mag, ist eine Realität,
die ich an anderer Stelle noch streifen werde und die nicht im Sinne des
gesetzlichen Auftrages liegt!) Und d. h., dass die Staatsanwaltschaft
in einem Verfahren gegen einen mutmaßlichen Täter gleichzeitig auch
entlastende Umstände offenlegen muss, wenn sie davon Kenntnis erlangt
bzw. Ermittlungshinweisen „von Amts wegen" (d. h. allein durch die
Kenntnis im behördlichen Umfeld veranlasst) nachgehen muss, die zu
einer Strafminderung oder gar Entlastung eines Verdächtigen führen
könnten. Und das, obwohl sie gleichzeitig als Klägerin auftritt! Das heißt
wiederum, dass die Staatsanwaltschaft ggf. den Strafantrag von sich aus
nach unten anpasst. Und zwar dann, wenn die neuen Tatsachen dafür
sprechen, mildernde Umstände zu berücksichtigen oder gar durch Ent-
lastungsmaterial eine Strafentlastung oder im Extremfall die Rücknah-
me der Klage als angemessen oder notwendig anzuerkennen.
– Wenn dann aber, wenn auch in anderer Angelegenheit, z. B. ein Herr
Ackermann durch einen „freiwillig" erbotenen Geldbetrag *[3,54 Mio Euro
oder 11,8 % des Ermittlungsfalles!]* erwirken kann, dass die Ermittlungen der Staatsanwaltschaft gegen ihn eingestellt werden, dann gewinnt
man in der öffentlichen Wahrnehmung den Eindruck, dass auch unser
Rechtssystem immer stärker amerikanisiert werde, dass Unrecht mitt-
lerweile „verhandelbar" sei. Diese „Verhandelbarkeit" ist natürlich, wie
üblich, eine Frage des Geldes... – Aber man möge da nun einem Herrn
Ackermann nicht zu sehr grollen: Er ist ja gar kein Einzelfall mehr!

# Handeln unter den Bedingungen der Not

Im Kapitel „Grenzen der Notwehr / Grenzen der Selbsthilfe", so mögen Sie irritiert raunen, lege ich die Bremsen an: Sie werden von Überschreitung der Kompetenzen der privaten Sicherheitsdienste lesen. Dann aber folgt die Abhandlung im Exkurs zu einem Beispiel aus polizeilichem Umfeld.

Was nun also dürfen Mitarb. privater Sicherheitsdienste tun? Offenbar nichts, denken Sie sich vielleicht, denn Sie haben allem, was ich bisher geschrieben habe, schon entnommen, dass das Gewaltmonopol beim Staat liegt.

Was nun also? Tatenlos zusehen, die 110 rufen – und hoffen, dass die Polizei rechtzeitig eintrifft?

Mitnichten!

Lesen wir nun zunächst zur Notwehr:

**53** **§ 32 Abs. 1 StGB:** *„Wer eine Tat begeht, die durch Notwehr geboten ist, handelt nicht rechtswidrig."*

**§ 15 Abs. 1 OWiG:** *„Wer eine Handlung begeht, die durch Notwehr geboten ist, handelt nicht rechtswidrig."*

**und § 227 Abs. 1 BGB:** *„Eine durch Notwehr gebotene Handlung ist nicht rechtswidrig."*

**Dann weiter:**

**§ 32 Abs. 2 StGB, § 15 Abs. 2 OWiG und § 227 Abs. 2 BGB** jeweils in identischem Wortlaut: *„Notwehr ist diejenige Verteidigung, welche erforderlich ist, um einen gegenwärtigen rechtswidrigen Angriff von sich oder einem anderen abzuwenden."*

**Nun aber eine formale Spreizung:**

**§ 33 StGB:** *„Überschreitet der Täter die Grenzen der Notwehr aus Verwirrung, Furcht oder Schrecken, so wird er nicht bestraft."*

**§ 15 Abs. 3 OWiG:** *„Überschreitet der Täter die Grenzen der Notwehr aus Verwirrung, Furcht oder Schrecken, so wird die Handlung nicht geahndet."*

Im BGB fehlt eine solche gesetzliche Befreiung des in der Notwehrsituation Handelnden: *„Das Notwehrrecht wird nicht durch den Grundsatz der Verhältnismäßigkeit begrenzt [...]; besteht zwischen dem angegriffenen und dem durch die Verteidigungshandlung verletzten Rechtsgut ein krasses Missverhältnis, ist die Ausübung des Notwehrrechts aber missbräuchlich und unzulässig [...]"* (Palandt, § 227 Rn. 8).

**54** Im Zivilrecht ergibt sich also aus der Überschreitung der Notwehrbefugnisse eine Schadensersatzpflicht dessen, der sich verteidigt hat ggü. demjenigen, der angegriffen hat! D. h. innerhalb des Zivilrechts greift eine Verantwortungshaftung, während im Strafrecht oder auch im Ordnungswidrigkeitenrecht (das ich hier nur interessehalber einmal mit aufgeführt habe, weil das OWiG gesetzessystematisch auch zum Strafrecht gehört – dazu mehr im „Exkurs zum deutschen Strafrecht") unter bestimmten Voraussetzungen eine völlige Schuldentlastung greift!

Palandt weist dabei auf § 242 BGB hin.

Es soll ruhig einmal ganz nüchtern die Frage fallen, was denn bitte die Notwehr mit Treu und Glauben zu tun hat. Und es soll ruhig einmal die Frage fallen, wieso sich der Angreifer noch auf Treu und Glauben sollte berufen können!

Ich will das einmal in der gebotenen Kürze weitergehend beleuchten:

§242 BGB zu Treu und Glauben, auf die Notwehr hin erläutert: **55**
*„Der Schuldner* (das ist der in Notwehr Handelnde) *ist verpflichtet, die Leistung* (die Notwehr- oder Nothilfe-Handlung) *so zu bewirken, wie Treu und Glauben mit Rücksicht auf die Verkehrssitte* (das wäre also, was allg. als Abwägung der durch Not bedrängten Person zugemutet werden kann, um das geringstmögliche Mittel zur Gefahrabwendung zu wählen bzw. zumindest nach der unmittelbaren Gefahrabwendung gegen den Angreifer nicht weiter vorzugehen) *es erfordern.*" Einem Angriffstäter wird also letztendlich zugestanden, Schadensersatz geltend zu machen gegen denjenigen, der die Grenzen der erforderlichen Notwehr überschritten und damit dem Angriffstäter einen nicht mehr gerechtfertigten Schaden zugefügt hat!

Und beachten Sie bitte, dass das Strafrecht als schuldentlastend nur „Verwirrung, Furcht oder Schrecken" einräumt, also so genannte Affekt-Handlungen – andernfalls bleibt die Überschreitung der Grenzen der Notwehrhandlung strafbar! Auch Strafrecht (und OWiG) räumt nicht den Fall der Notwehr oder des Notstandes ein, um durch die Hintertür der **Selbstjustiz** wieder den Weg zu bereiten!

Wie kann die im Detail durchaus andersartige Gewichtung **56** dessen zustande kommen, was dem Recht widerspreche oder was noch gedeckt sei?

Sowohl im Strafrecht als auch im Zivilrecht ist nur die Bezugnahme auf das jeweilige Gesetz gemeint! Somit ergeben sich leicht unterschiedliche Rechtsfolgen: Im Strafgesetz gibt es nur die Schuldhaftung, im Zivilrecht aber auch die Gefährdungshaftung, die ich in Abwandlung auch als Verantwortungshaftung bezeichne. Dadurch kommt es zum Teil zu höchst unterschiedlichen Ergebnissen:

Wer nach eingängiger richterlicher Abwägung durch die Verwirrung in einer Notsituation „über die Stränge geschlagen" hat, kann aber nach dem Zivilrecht zum Schadensersatz herangezogen werden. Dass das Rechtsgefühl desjenigen folglich „Verwirrung" erleidet, der sich in der Not gewehrt hat, ist nicht eine Rechtsfolge, sondern eine moralische Folge: Selbst wenn der Angreifer, an z. B. einem Diebstahl durch die Notwehr gehindert, für den Versuch des Diebstahls rechtskräftig verurteilt wird, so kann er letztlich noch „profitieren", wenn er als Schmerzensgeld eine Geldsumme zuerkannt bekommt.

Was lesen wir noch bei der eingängigen Lektüre der §§ 32 StGB und 227 BGB? Ich möchte die Aufmerksamkeit lenken auf die Absätze 2: Das Gesetz kennt nur die „Notwehr" – und zwar die im Eigeninteresse und die im Interesse eines Dritten: *„Verteidigung [...] um einen [...] Angriff von sich oder einem anderen abzuwenden".*

**57** Die Rechtslehre bzw. Rechtsprechung hat den Begriff der „Nothilfe" für die Notwehr zugunsten eines Dritten geschaffen – das Gesetz kennt die so genannte Nothilfe nicht unter diesem Begriff. Und diese, die Nothilfe, ist ein in Grenzfällen kritisches Terrain, denn *„sie darf aber nicht gegen den Willen des Angegriffenen ausgeübt werden"* (Palandt, § 227 Rn. 3). Wenn ich darauf hinweise, dann will ich nicht bang machen vor Zivilcourage. Aber ich halte es zumindest für erforderlich, darauf aufmerksam zu machen, dass die Abwägung nach dem mit Recht unterstellbaren Willen des Angegriffenen auch dann zu berücksichtigen ist, wenn eine Abstimmung mit diesem umständehalber nicht möglich ist!

Das ist ggf. eine schwierige Abwägung. Der von Betrunkenen bedrängte alte Mann, die in der Straßenbahn von Skinheads bedrängten ausländischen Mitbürger, die von mehreren Gerne-Großen in der Straßenbahn bedrängte Frau werden wohl fraglos dankbar sein für die befreiende Einmischung Dritter. Aber wenn in der Öffentlichkeit ein Streit zwischen Mann und Frau stattfindet, dann ist es schon weniger eindeutig; ebenso bei einem Zweikampf zwischen „Halbstarken". Denn die Ehefrau könnte aus Angst vor persönlichen Repressalien, die daheim zu erwarten sind, keineswegs einverstanden sein mit der Einmischung Dritter; auch der unterlegene Jugendliche könnte nicht einverstanden sein, von Dritten aus seiner misslichen Lage befreit zu werden, da er wegen des unentschiedenen Kampfes eine neuerliche Konfrontation fürchten könnte, wo Öffentlichkeit garantiert fehlt und eine Eskalation dann ungehemmt ausufern könnte. – Was ich hier nur grob umrissen andeute, sind Fallkonstellationen, die das reale Leben bringt und die für die Helfenden schon mit empfindlichen Nachteilen geendet sind, obgleich ihr Ansinnen edel und gut war.

Was aber hat diese Fragestellung mit Sicherheitsmitarb. zu tun?

1. Die Sicherheitskraft im öffentlichen Raum: Sicherheitskräfte in U-Bahnen oder Einkaufspassagen zum Beispiel, aber auch bei Veranstaltungen.

2. Der Werkschützer im privaten Unternehmensbereich ohne

Öffentlichkeitsverkehr.

Überall dort, wo ein Übergriff von Personen auf den geschützten Rechtsraum der Kunden möglich ist, da besteht auch das Risiko der Konfrontation von Sicherheitsmitarb. unter den Bedingungen der Notwehr.

Zur Notsituation gibt es aber nicht nur die Notwehr zu behandeln...

# Unterschiedliche Formen des Notstandes

Wg. der Prüfungsrelevanz ggü. der IHK muss ich verschiedene Begriffe zum Notstand aufführen und erläutern.

**58**   Zum § 228 BGB sprechen Karl/Polthier von „Notstandsverteidigung". Jochmann/Zitzmann beschreiben diesen als „verteidigenden Notstand" oder „defensiven Notstand" – und sind mit diesem Begriff richtlinienweisend für die IHK im Rahmen der Prüfungen.

Bzgl. § 904 BGB verwenden Karl/Polthier den Begriff „Notstandsangriff". Wiederum richtlinienweisend und prüfungsrelevant benennen Jochmann/Zitzmann diesen Fall als „angreifenden Notstand" oder auch „aggressiven Notstand".

Darüber hinaus konfrontiert das Strafrecht über § 34 StGB mit dem „rechtfertigenden Notstand", über § 35 StGB mit dem „entschuldigenden Notstand".

---

## Kurze Kritik zu den unklaren Notstandsbegriffen:

**59**   In beiden Fällen der Notstände nach BGB sind Karl/Polthier begrifflich näher und auch verständlicher am Sachverhalt, aber die Begriffe, die Jochmann/Zitzmann verwenden, sind prüfungsrelevant und daher bitte zu verinnerlichen!

Offenbar versuchen Jochmann/Zitzmann mit ihren begrifflichen Entwürfen näher an die Notstandsumschreibungen des Strafrechts heran zu kommen – und somit möglicherweise eine chronologische Merkhilfe zu den unterschiedlichen Formen des Notstands aufzubauen suchen, was ihnen dann positiv anerkannt sein möge. Aber inhaltlich schaffen sie damit eher Verwirrung als Klarheit: Eine Notstandssituation kann das Handeln eines Täters rechtfertigen, im Härtefall auch noch entschuldigen – aber eine Notstandssituation kann schwerlich (sich selbst?) verteidigen oder (jemand anders?) angreifen. Und insbesondere die Angriffsprojektion ginge nur über eine weitere Abstraktion durch: Der fremden Sache (siehe § 228 BGB) fehlt es an Subjektivität, um sie angreifen zu können – folglich muss die Abstraktion herbei, dass damit das Rechtsgut eines anderen (etwa die Unverletzlichkeit des Eigentums) verletzt wird, die Zerstörung oder Wegnahme einer fremden Sache somit mittelbar einen Angriff auf jemand anders darstellt.

Auffällig bleibt, dass Herausgeber von Gesetzestexten und Herausgeber von akademischen Kommentaren diese Begriffe nicht verwenden.

---

Nun ist es so, dass die Sicherheitsbranche nicht bemüht ist, den Stoff für Heldenmythen zu bieten. Das bleibt im Wesentlichen das Terrain von Hollywood und anderen Traumfabriken. So sind Sie regelmäßig im Werkschutz aufgerufen, die Eigensicherung über die Sicherung des fremden Eigentums zu stellen. Das geht auf eine Abwägung der Rechtsgüter zurück: Der Wert der Unversehrtheit von Leben und Gesundheit steht höher als der Wert letztlich ersetzbarer Sachwerte!

Kritisch aber wird es in Notfallsituationen, in denen menschliche Gesundheit oder menschliches Leben gefährdet sind! Hier ist der Werkschutz ebenso betroffen, wie es Sicherheitsmitarb. im Veranstaltungsschutz sind, oder solche in Ordnerdiensten im öffentlichen Raum. Und ganz zu oberst sind Personenschützer zu nennen.

In der einschlägigen Literatur zur Unterrichtung von Sicherheitspersonal oder Sicherheitsunternehmern wird überwiegend auf die Zerstörung von fremden Sachen abgestellt, wenn es um die Frage der Gefahrabwendung geht. Darüber hinaus gehend muss ich auf der Grundlage des § 35 StGB hinweisen auf die Fallproblematik des § 323c StGB: die unterlassene Hilfeleistung. **60** § 35 Abs. 1 StGB im Zusammenhang mit § 323c StGB stellt besondere Anforderungen an Sicherheitsmitarb.: Die Autoren legen dar, dass im Rahmen des 323c StGB eine Hilfeleistung unter Inkaufnahme erheblicher Eigengefährdung sowenig verlangt wird, wie die Verletzung (mit anderen Worten: die Vernachlässigung) anderer Pflichten (Tröndle/Fischer, § 323c, Rn. 7). Beispiele sind der Nichtschwimmer oder der eher unbeholfene Schwimmer, die den Ertrinkenden nicht durch den eigenen körperlichen Einsatz retten müssen. Ein weiteres Beispiel ist der Außenstehende, der nicht in das verrauchte und brennende Haus eilen muss, um den Hilferufen aus dem ersten Stock rettend zu folgen. Tröndle/Fischer (§ 323c, Rn. 7): *„[...] unvorsichtiges Draufgängertum oder eine aussichtslose Hilfeleistung werden nicht verlangt [...]".*

Aber: Der Sicherheitsmitarb. hat eine besondere Obachts- und **61** Sorgfaltspflicht gegenüber Dritten – hier haben wir z. B. die „anderen wichtigen Pflichten" des § 323c StGB! Also in Abhängigkeit von den Ihnen vom Kunden übertragenen Aufgaben sind Sie ggf. derjenige, der noch vor der Feuerwehr in einem betroffenen Gebäudeteil die Flucht der dort verweilenden Personen zu unterstützen hat; sind Sie derjenige, der in einer von Feuer bedrohten Produktionshalle den Überblick über die Fluchtwege hat und entsprechend auf Fliehende einwirkt; sind Sie derjenige, der in einem Stadion an einem Fluchtweg den Strom der Fliehenden vorbei zu leiten hat, der durch Feuer unbenutzbar geworden ist. Sie sind dann auch derjenige, der Panik nach Möglichkeit zu verhindern hat, damit eine Räumung von gefährdeten Bereichen reibungslos und schnell gelingt. Das heißt aber auch, dass Sie ggf. der Letzte sind, der den Bereich verlässt!

Ganz besonders hervor zu heben aber sind Mitarb. im Personenschutz: Personenschutz bedeutet nicht nur, die zu schützende Person vor unmittelbaren Angriffen zu schützen (auch wenn dies die Hauptaufgabe ist), sondern auch der zu schützenden Person in praktisch jeder Lage so weit überlegen zu sein, dass Rettungsschutz geboten werden kann. Das heißt aber auch: Der Personenschützer wird dahin gehend trainiert, Selbstschutzinstinkten zuwider zu handeln, in Notsituationen stets eine aussichtsreiche Rettungshandlung parat zu haben und in Angriffssituationen nötigenfalls das fremde Leben oder die fremde körperliche Unversehrtheit über das eigene Leben oder über die eigene Gesundheit zu stellen. Das hat weit reichende Konsequenzen in Bezug auf die Heranziehung des § 323c StGB.

Nachdem nun viele Worte verloren sind um die grundsätzliche Problematik, möchte ich nun aber die §§ 34 und 35 StGB ggü. stellen. Denn schnell gelesen ähneln sich die beiden Vorschriften nicht unerheblich. Und die Frage drängt sich auf, wozu § 35 StGB erforderlich ist, wenn doch § 34 StGB offenbar viel weiter greift, als § 35 StGB – andererseits aber § 35 StGB ausscheidet, wenn die entlastenden Kriterien des § 34 StGB erfüllt sind (Tröndle/Fischer, § 35, Rn. 1 und § 34, Rn. 22).

**62** § 34 Satz 1 StGB:     *„Wer in einer gegenwärtigen, nicht*
§ 35 Abs. 1 Satz 1 StGB: „Wer in einer gegenwärtigen, nicht
*anders abwendbaren Gefahr*
**anders abwendbaren Gefahr**
*für Leben, Leib, Freiheit, Ehre, Eigentum oder ein anderes Rechtsgut*
**für Leben, Leib oder Freiheit**
*eine Tat begeht,*
**eine rechtswidrige Tat begeht,**
*um die Gefahr von sich oder einem anderen abzuwenden,*
**um eine Gefahr von sich, einem Angehörigen oder einer anderen ihm nahestehenden Person abzuwenden,**
*handelt nicht rechtswidrig,*
**handelt ohne Schuld.“**
*wenn bei Abwägung der widerstreitenden Interessen [...] das geschützte Interesse das beeinträchtigte wesentlich überwiegt.“*
Wesentliche Unterscheidungsmerkmale zwischen §§ 34 und 35 StGB sind
• dass § 35 StGB nur auf die Rechtsgüter des Lebens, der körperlichen Unversehrtheit und der persönlichen Freiheit abstellt, während § 34 StGB noch weitere Rechtsgüter resp. Grundrechte erfasst;
• dass im Falle des § 34 StGB die Rechtswidrigkeit (nach Strafrecht!) ausgeschlossen wird), während die Rechtswidrigkeit einer Tat (nach Strafrecht!) im Falle des § 35 StGB bereits festgestellt worden ist, aber entschuldigt wird.
Identisch ist zumindest die mittelbare Folge für den Täter: Es gibt keinen Schuldspruch; man geht straffrei aus.

Der rechtfertigende Notstand greift strafrechtlich auch dann, **63** wenn der Handelnde die Gefahr selbst verursacht hat (Tröndle/ Fischer, § 34, Rn. 6). Dass der Handelnde deshalb nach Zivilrecht zur Schadenshaftung (also zur zivilrechtlichen Ersatzleistung) verpflichtet ist, bleibt aber hiervon unberührt. Und weiterhin: Wenn der Handelnde die Gefahr schürt oder konkret herbei führt, um anschließend einen bestimmten Schaden üben zu können, der die Gefahr dann wieder eindämmt, so ist die Gefahr verhütende Schadenseinwirkung nicht gerechtfertigt und auch nicht entschuldbar! Im Falle der Fahrlässigkeit also greift strafrechtlich die Entlastung nach einem Rechtfertigungsgrund; bei Vorsatz aber gibt es keine Rechtfertigung: Die mit Vorsatz begangene Tat (als boshaft und in seiner negativen Folge zielgerichtet) entzieht der rettenden Handlung im strafrechtlichen Sinne die Rechtfertigung bzw. die Entschuldigung.

Zur Erläuterung veranschaulichen die Autoren, indem sie sich auf einen **64** Aufsatz in der NJW beziehen (Tröndle/Fischer, § 35, Rn. 11 unter Verweis auf NJW 00, 3079):
Ein so genannter „Republikflüchtling" wird vom DDR-Grenzposten gestellt. Der Flüchtling, in Erwartung von Verhaftung und Haftstrafe, erschießt den Grenzer mit seiner schussbereiten Waffe, um seine Flucht fortsetzen zu können. Ein *Rechtfertigungsgrund* liegt gar nicht vor; eine *Entschuldigung* nach § 35 StGB ist ebenfalls zu *verneinen*: Das Rechtsgut der persönlichen Freiheit (die zu erwartende Haft) wiegt weniger schwer als das Rechtsgut des Lebens (Tod des Grenzpostens) und auch weniger als das der körperlichen Unversehrtheit! Jedoch gibt es eine *Strafmilderung*
• nach *§ 17 Satz 2 StGB*: Vermeidbarer Verbotsirrtum. Der Flüchtling empfindet mit dem Unrechtssystem auch die Fluchtbehinderung als unrechtens. Über die Abwägung der Rechtsgüter hätte er sich wiederum im Klaren sein müssen.
• i. V. m. *§ 35 Abs. 1 Satz 2 StGB*: Rücksichtnahme auf besondere Tatumstände (Beschränkung der persönlichen Freiheit durch das Regime) trotz bedingten Vorsatzes (der Flüchtling führte eine Waffe mit, rechnete also damit, ggf. aufgehalten zu werden und dann Waffengewalt anwenden zu müssen).

Und damit möchte ich nun überleiten zur Besprechung der **65** Notstände nach BGB: Tröndle/Fischer führen zu rechtlichen Konkurrenzen, die die Anwendung des § 34 StGB ausschließen, aus (Tröndle/Fischer, § 34, Rn. 22): Andere spezielle Rechtfertigungsgründe treten vor, wie etwa § 32 StGB (Notwehr), aber auch Rechtfertigungsgründe des Zivilrechts, insbesondere §§ 228 und 904 BGB, aber z. B. auch §§ 229 und 859 BGB. Greifen solche anderen Rechtfertigungsgründe nicht, so ist § 34 StGB aber uneingeschränkt auf seine Tatbestandsmerkmale hin zu prüfen und etwaig voll anwendbar.

**66** • § 228 Satz 1 BGB: *„Wer eine fremde Sache beschädigt oder zerstört, um eine durch sie drohende Gefahr von sich oder einem anderen abzuwenden [...].“*
Hier geht die Gefahr unmittelbar von der Sache selbst aus. Genau diese Gefahr wird angegangen: Man verteidigt sich gegen die von dieser Sache ausgehenden Gefahr durch Beeinträchtigung dieser Sache selbst. Deshalb nennen Jochmann/Zitzmann dieses eben auch den „verteidigenden" oder „defensiven" Notstand.

**67** Jost Selbermann bemerkt Schmauchgeruch, und schlendert nach draußen, um der Ursache nachzugehen. Dann bemerkt er, dass das Nachbarhaus brennt und die Flammen bereits aus dem Dachstuhl schlagen. Dort ist niemand Daheim: Die Eltern sind zur Arbeit, die Kinder in der Schule. Er ruft sofort die Feuerwehr. Als der dann wieder nach draußen tritt sieht er, dass eine der drei großen alten Eichen, die auf dem nur sechs Meter breiten Streifen zwischen den Häusern, aber noch auf dem Nachbargrundstück stehen, bereits in den Zweigen und Blättern erstes Feuer gefangen hat. Das Geäst der dicht stehenden Bäume ragt weit zur einen Seite über das Nachbarhaus, zur anderen Seite über Selbermanns Haus und ist auch miteinander verschlungen. Obwohl die Bäume Licht nehmen, hatten sich die Nachbarn gegenseitig dereinst geeinigt, so zu bauen, dass die über 150 Jahre alten Bäume erhalten bleiben können.
Jost Selbermann rennt nun in seinen Gartenschuppen, reißt die Motorsäge an und sägt die im Geäst bereits brennende Eiche fachmännisch so an, dass sie gegen das Nachbarhaus kippt. So verhindert er fürs Erste ein Übergreifen des Feuers auf die anderen Bäume und schließlich auf sein Haus.

**68** • § 904 Satz 1 BGB: *„Der Eigentümer einer Sache ist nicht berechtigt, die Einwirkung eines anderen auf die Sache zu verbieten, wenn die Einwirkung zur Abwendung einer gegenwärtigen Gefahr notwendig [...] ist.“*
oder, mit anderen Worten:
Jemand darf die Benutzung oder Beschädigung seiner Sache weder be- noch verhindern, wenn dieses zur Abwendung einer jeglichen akuten Gefahr erforderlich ist.
Palandt spricht vom *„Aufopferungsgedanken"* und erläutert: *„§ 904 behandelt die [...] Einwirkung auf fremde Sachen, von denen die Gefahr nicht ausgeht [...].“* (Palandt, § 904, Rn. 1). Jochmann/Zitzmann betrachten diesen Notstands-Paragraphen von der Täterseite und sehen den Angriff auf das fremde Rechtsgut, wenn sie in § 904 BGB den „angreifenden" oder „aggressiven" Notstand geregelt sehen.

**69** In einem älteren Haus mit wunderschöner Holztreppe brennt das Treppenhaus des Mehrfamilienhauses bereits vom Keller bis in den 1. Stock. Eine alternative Fluchtmöglichkeit gibt es nicht; deshalb retten sich die Bewohner des 2. und 3. Stocks zunächst durch das verrauchte Treppenhaus auf den Dachboden. Von hier aus zwängen sie sich durch ein kleines Dachfenster auf das Giebeldach und gehen von hier auf den Giebel des direkt daran gebauten Nachbarhauses. Da sie niemand zu bemerken scheint, beginnen nun zwei Bewohner, sich an den Dachziegeln des Nachbarhauses zu schaffen zu machen, bis sie ein so großes Loch geschaffen haben ‚dass alle auf den Dachboden des Nachbarhauses gelangen können, um von dort ihre Flucht fort zu setzen.

**Der Eigentümer des Nachbarhauses kann natürlich Schadensersatz verlangen. (§ 904 Satz 2 BGB)**

**Konkurrierend zu §§ 34 und 35 StGB heben Tröndle/Fischer** **70** **auch noch die Selbsthilfe nach Zivilrecht hervor: insbesondere die §§ 229 und 859 BGB (Tröndle/Fischer, § 34, Rn. 22).** **§ 229 BGB:** *„Wer zum Zwecke der Selbsthilfe [...] handelt nicht widerrechtlich, wenn obrigkeitliche Hilfe nicht rechtzeitig zu erlangen ist [...].“* **Palandt hebt hervor, dass § 229 BGB ausnahmsweise dem Berechtigten eine** *„eigenmächtige vorläufige Sicherung des Anspruchs“* **zubilligt – Grundsatz** *„in einem rechtsstaatlich geordneten Gemeinwesen"* **ist die alleinige Legitimation des Zugriffs durch obrigkeitliche Gewalt: Das Primat der staatlichen Gewalt, auf das ich in einem Exkurs eingehe, wird durch § 229 BGB nicht außer Kraft gesetzt! (Palandt, § 229, Rn. 1) Diese Form der Selbsthilfe steht nur dem Anspruchsinhaber zu, also dem Eigentümer oder dem Besitzer (Palandt, § 229, Rn. 3).**

Gustav Gemach ist auf einem Spaziergang durch Feld, Wald und Flur. Mit seinem **71** Fernglas verfolgt er die Attacken von Kibitzen auf zwei Rabenkrähen, die offenbar nur das Feld queren – das Kibitzpaar sieht das aber ganz anders und bedrängt die Eindringlinge in ihre Brutzone aufs Schärfste. Mit den zum Teil haarsträubenden Tiefflugmanövern der Vögel gleitet die Blickzone des Gemach, die mit seinem starken Fernglas eng fokussiert ist, plötzlich auf den Hinterhof eines alten Hauses. Dort beobachtet er zwei Männer dabei, wie diese an einer offenbar alten Marienfigur hantieren, die sie auf einem Tisch liegen haben. Er schaut noch einmal hin und hält es für möglich, dass dieses die Marienfigur ist, die im Rahmen des Brandes seines Hauses vor zwei Wochen abhanden gekommen ist.
Gemach läuft im Sichtschutz einer Baum- und Strauchgruppe quer über ein Feld hinüber zu dem Hinterhof. Dort nutzt er den Schutz des Gesträuchs, um sich durch sein Fernglas die Figur noch einmal genauer anzusehen: »Das muss sie sein«, denkt er bei sich. Nun packt der Jüngere von beiden sich die Holzfigur, der Ältere klappert mit einem Schlüsselbund und schlurft voran zu einem Auto, das weiter rechts hinter einer Scheune geparkt ist. Der Jüngere legt die Figur in den Kofferraum des Autos – und fordert den Älteren dann auf: „Lass den Kofferkasten mal offen! Ich hab noch was vergessen!" „Vergessen... vergessen. Du immer! Mann, beeil Dich!" drängt der Alte.
„Mann, Alter!" faucht der Jüngere, „Gemach, Gemach! Wir fahren höchstens eine Stunde. Es ist noch Zeit satt! – Ich trink mir erst einmal noch eine schöne Tasse Kaffee..." Der alte Mann schüttelt nur stumm mit dem Kopf und verschwindet ebenfalls im Haus.
Gemach duckt sich und läuft im Sichtschutz der Hecke an dem Grundstück vorbei und zu dem Auto. Gezielt schaut er auf die linke Seite des Figurensockels: „M-P-P-1888" ist dort eingraviert. »Kein Zweifel«, denkt sich Gustav Gemach: »Manfred Paul Pachnicke Achtzehnhundertachtundachtzig!« Das war der Großvater wiederum seiner Großmutter, der in späten Lebensjahren seine Liebe zum Holz noch einmal reaktivierte, nachdem er im preußischen Staatsdienst seine

große Familie so leidlich mit bescheidenem Anstand durchgebracht hatte. Seine Großmutter hat Gustav Gemach dieses kostbare Erinnerungsstück vermacht: Eine kunstvolle und bis ins Detail liebevolle Schnitzarbeit. – Gemach schnappt sich die Figur und schlägt sich direkt hinter der Scheune erst einmal quer in den Wald, der bald dichter wird und Sichtschutz bietet. Erst einmal auf dem schnellsten Wege zu dem Waldparkplatz, wo sein Auto steht, ist Gemachs nächstes Ziel dann eine Polizeistation. Er übergibt der Polizei die Figur, stellt seine Ansprüche als Eigentümer, und benennt diese Herren unter Hinweis auf seine Anzeige gegen Unbekannt wg. Diebstahls als dringend tatverdächtig.

**Alles richtig gemacht? Oder hat sich Gemach da nun einen verwegenen Patzer geleistet?**

**72** **§ 229 BGB in relevanten Auszügen:** *„Wer zum Zwecke der Selbsthilfe* **(Gemach macht geltend, der Eigentümer zu sein, was er natürlich zu beweisen haben wird)** *eine Sache wegnimmt* **(hat er gemacht)**, *handelt nicht widerrechtlich, wenn obrigkeitliche Hilfe nicht rechtzeitig zu erlangen ist* **(ist wohl irgendwo mitten im Wald – selbst mit dem Handy herbei gerufen – so schnell nicht zu erwarten)** *und ohne sofortiges Eingreifen die Gefahr besteht, dass die Verwirklichung des Anspruchs vereitelt [...] werde* **(ist mit zu rechnen, da die Figur unmittelbar bevorstehend weit weggebracht werden soll – eine Stunde Fahrzeit!).“** – Nun hat Palandt noch einmal ausdr. darauf hingewiesen, dass die Maßnahme der Selbsthilfe nur vorübergehender Natur sein dürfe, da sie sonst eine illegitime Selbstjustiz darstellt: Gemach hat die Figur schnellst möglich zunächst der Polizei übergeben und macht dort seine Ansprüche als Eigentümer geltend.

**73** Palandt hebt aber auch hervor, dass Dritte, die ein (in dem Falle Fremdhilfe-) Recht nach § 229 BGB nicht geltend machen können, wohl aber durch § 229 BGB gedeckt sind, wenn der Anspruchsinhaber einen Dritten mit der Wahrung seiner Interessen beauftragt hat: *„Gesetzlich* **(z. B. Eltern der minderjährigen Kinder)** *oder rechtsgeschäftlich* **(z. B. durch den privatrechtlichen Vertrag zwischen Auftraggeber und Auftragnehmer)** *bestellte Vertreter stehen dem Anspruchsinhaber gleich“* (Palandt, § 229, Rn. 3).

Und damit möchte ich thematisch wieder den Kreis schließen, hin zu unserem Thema, dem Sicherheitsdienst. Schließlich möchten Sie mit diesem Buch nichts erfahren über Vögel auf dem Felde oder schräge Vögel am Waldesrand...

**74** **§ 859 Abs. 1 BGB:** *„Der Besitzer darf sich verbotener Eigenmacht mit Gewalt erwehren.“* **Eine Legitimation zugunsten des Besitzers einer Sache, seine Rechte selbst zu schützen – die Selbsthilfe des Besitzers bleibt aber vorbehaltlich der Voraussetzungen des § 229 rechtswidrig! (Palandt, § 859, Rn. 1)**

**75** **§ 860 BGB:** *„Zur Ausübung der dem Besitzer [...] zustehenden*

*Rechte ist auch derjenige befugt, welcher die tatsächliche Gewalt nach § 855 für den Besitzer übt.“*

Und § 855 BGB: *„Übt jemand die tatsächliche Gewalt über eine* **76** *Sache für einen anderen [...] in einem [...] Verhältnis aus, vermöge dessen er den sich auf die Sache beziehenden Weisungen des anderen Folge zu leisten hat, so ist nur der andere Besitzer.“* Das heißt, dass derjenige, der die tatsächliche Gewalt ausübt, dennoch keinerlei eigenständige Rechte an der Sache inne hat. Er ist damit der so genannte Besitzdiener. Und – darauf weist Palandt ausdr. hin – der *„Besitzdiener hat kein eigenes Selbsthilferecht, sondern* **77** *lediglich Befugnis zur Ausübung des dem Besitzherrn (§ 855 BGB!) zustehenden Selbsthilferechts“* (Palandt, § 860, Rn. 1). Das heißt aber auch, dass auch in Bezug auf die Selbsthilfebefugnisse des Sicherheitsdienstleisters Unternehmer und Beschäftigte streng gebunden sind an die vom Kunden eingeräumten Befugnisse! Eine Überschreitung dieser ausdr. zugestandenen Befugnisse führt auch dann zur Haftung des Sicherheitsmitarb. (bei grober Fahrlässigkeit oder Vorsatz!) oder des Sicherheitsunternehmers (bei üblicher Fahrlässigkeit), wenn sich der Sicherheitsmitarb. in der konkreten Situation wähnte, die Interessen des Unternehmers durch sein Eingreifen zu vertreten!

Ich komme später ausführlicher darauf zurück. Hier soll es reichen, die Problematik angerissen zu haben.

# Fallbeispiele zum Notstand

**Fallbeispiel:**

**78**  Der Wachmann Ohnsorg von der „Wachsam GmbH" beobachtet von der Pforte aus, wie sich nur einige Meter von ihm entfernt ein Lkw der Firma „Perfekt – Bauunternehmung", der auf der öffentlichen Straße geparkt und vom Fahrer allein gelassen wurde, langsam in Bewegung setzt. Offensichtlich wurde es vom Fahrer trotz der leicht abschüssigen Straße versäumt, die Handbremse anzuziehen. Dem Lkw 100 m voraus mündet die Straße auf eine viel befahrene Querstraße; die Zufahrt auf die Straße ist zudem unübersichtlich. Herr Ohnsorg weiß, dass dieser Straßeneinmündung ggü. ein Wohnhaus liegt.

Wiederum beobachtet Herr Ohnsorg nun, wie bei dem ihm genau ggü. auf der anderen Straßenseite liegenden Baustoffhandel „Kalk, Sand und Stein" ein Gabelstapler betrieben wird.

Herr Ohnsorg verlässt die Pforte und läuft – nachdem er die Fahrertür des Lkw vergeblich zu öffnen versucht hat – auf das Firmengelände der Baustoffhandlung, dessen Werkszufahrt ebenfalls ggü. der Pforte liegt und nicht weit entfernt ist vom bereits rollenden Lkw. Als er zu dem Stapler kommt, läuft der Motor, aber der Stapler ist verlassen, weil der Führer des Gabelstaplers in einem der Palettenregale hantiert.

Herr Ohnsorg springt auf den Stapler und fährt mit diesem vom Gelände auf die Straße und dem rollenden Lkw entgegen. Kurz vor der Kollision springt Herr Ohnsorg vom Stapler ab.

Der Gabelstapler rammt den Lkw und hindert ihn am Weiterrollen. Die Gefahr ist gebannt. Doch nun geht es um Schadensersatzansprüche:

Die Stoßstange und der Kühlergrill des Lkw wurden von dem Stapelbaum des Staplers schwer beschädigt. Der Lkw hat auf den an Stapelbaum und Führerkabine zerstörten Stapler aufgesetzt, so dass Querrahmen und Lenkung beschädigt sind. Der Stapler selbst muss in Ansehung der Reparaturkosten als materieller Totalschaden angesehen werden.

In einer Fallvariation gehen wir später auch davon aus, dass der Wachmann selbst mit seiner Familie in dem durch den rollenden Lkw bedrohten Haus wohnt; es handelt sich um ein Drei-Parteien-Haus, dessen Parterre-Wohnung die Familie Ohnsorg bewohnt.

**79**  Der Handelnde, Herr Ohnsorg, hat gemäß § 228 (defensiver Notstand) nicht widerrechtlich gehandelt, indem er den Lkw beschädigt hat, von dem auch die Gefahr ausging, da er unmittelbare Gefahr in Verhältnismäßigkeit abgewendet hat. Herr Ohnsorg hat die Gefahr nur beobachtet, begriffen und auf sie reagiert, hat die Gefahr aber nicht selbst verschuldet. Gemäß § 228 Satz 2 BGB greift eine Schadensersatzpflicht ggü. demjenigen, der den Schaden verursacht hat, nur dann, wenn er auch die Gefahr selbst verursacht hatte, die er mit Schadenswirkung abgewendet hat.

Ersatzansprüche der „Perfekt – Bauunternehmung" entfallen also, weil die Gefahr schuldhaft von dieser ausging, vertreten durch ihren Fahrer, der sich grober Fahrlässigkeit schuldig gemacht hat. Für die Reparatur des Lkw muss die Bauunternehmung selbst aufkommen.

Gemäß § 904 BGB (aggressiver Notstand) hätte der Baustoff- **80**
händler den Zugriff auf den Stapler nicht verbieten dürfen; damit liegt auch keine Unrechtmäßigkeit in der Entwendung und
Beschädigung des Staplers in Ansehung der drohenden Gefahr.
Jedoch kann er Schadensersatz verlangen.

Schadensersatzansprüche macht „Kalk, Sand und Stein" dem
unmittelbaren Verursacher ggü. geltend (§ 904 Satz 2 BGB),
also ggü. der „Wachsam GmbH", die vertreten wurde durch den
Wachmann Ohnsorg.

Die „Wachsam GmbH" hat nun ihrerseits mittelbar durch die
„Perfekt – Bauunternehmung" einen Schaden erlitten, zu des-
sen Ersatz die Bauunternehmung verpflichtet ist, weil sie für die
Gefahr verantwortlich ist.

### Anderes Fallbeispiel:

Hugo Hurtik wird von einem großen Hund verfolgt, der im gestreckten Gal- **81**
lopp hinter ihm her hetzt. Da bricht Hurtik geistesgegenwärtig beim Rentner
Pingelig am Vorgarten eine Zaunlatte aus dem Jägerzaun, dreht sich um und
schlägt dem bereits zum Sprung ansetzenden Hund in die Seite, so dass der
Hund knapp neben ihm strauchelnd aufkommt. Er holt noch einmal aus und
schlägt dem Hund nach dem Kopf, so dass dieser nun unter leisem Jaulen zusammen sackt. „Verdammter Köter!" brüllt er, holt noch einmal aus... Da schreit
der hilflos dem Hund nacheilende Besitzer: „Neeeeiiin!" Hugo Hurtik hält inne,
schaut nach rechts hinüber, sieht den Besitzer nahen, der verzweifelt mit den
Armen rudert und im Laufen fleht: „Nicht! Nicht! Nicht!" Hugo Hurtik lässt ab
und wirft die Zaunlatte hinter sich, während er den am Boden liegenden Hund
im Auge behält.

Der Hundebesitzer will Schadensersatz von Hugo Hurtik für den Hund, dessen
Genesung ihn viel Geld gekostet hat. Er trägt zudem vor, sein Hund habe nur
spielen wollen: „Der hat noch nie jemandem etwas zu Leide getan!" Und der
Rentner will Geld sehen für seinen defekten Zaun.

(Das Fallbeispiel geht zurück auf das von Jochmann/Zitzmann
als „Schulfall" bezeichnete Fallbeispiel.)

### Klopfen wir den Fall einmal ab.

Irgendwie sieht alles nach Notwehr aus. Es ist aber keine Not- **82**
wehr: § 227 Abs. 2 BGB: *„Notwehr ist [...] Verteidigung [...], um*
*einen gegenwärtigen Angriff [...] abzuwenden."* Und ein Angriff
ist eine drohende Verletzung (jeglicher Rechte, also nicht nur
ein körperlicher Angriff auf das Leben oder die Gesundheit!)
durch einen Menschen. Ein Angriff kann nur von einem Subjekt
geführt werden. Im Sinne des Gesetzes sind Tiere den Sachen
gleichgestellt – und Dinge können nun einmal nicht angreifen,
sondern sie können nur eine Gefahr darstellen.

Diese Verdinglichung eines Tieres stößt merkwürdig auf: Es wider- **83**
spricht irgendwie dem modernen Verständnis vom Tier, dem man – un-
terstellermaßen außer in der Massentierhaltung der konventionellen
Landwirtschaft – einen eigenständigen Lebenswert und ein Recht auf
gewisse Mindestmaße der Lebensqualität zubilligt. Was sagt das BGB
dazu?

§ 90a Satz 1 BGB: *„Tiere sind keine Sachen.“*

Tiere sind *keine* Sachen!

So das Gesetz! Aber in Satz 3 heißt es: *„Auf sie sind die für Sachen gelten-den Vorschriften entsprechend anzuwenden, [...]“*

Im Palandt bezeichnet man den § 90a BGB sehr nett – und schmei-chelhaft abwertend – als eine *„gefühlige Deklamation“.* Man möge diese Abwertung nachsehen:

**84**  Hintergrund dessen ist ganz einfach die Geschichte des Bürgerlichen Gesetzbuches – und gesellschaftlicher Wandel: Das BGB geht auf das Jahr 1896 zurück und hat natürlich zahlreiche Änderungen und Anpas-sungen erfahren. Im gesellschaftlichen Verständnis waren Tiere einmal schlicht und ergreifend Sachen, die der Mensch sich nutzbar machte – und das ganz unabhängig davon, ob der Bauer seine Arbeitspferde oder bei relativ kleinen Beständen an Milchvieh jede einzelne Kuh auch gern hatte. Tiere waren, egal ob beim Bauern, beim Kötter oder beim Kohlenkutscher, ein unerlässlicher Teil der Wertschöpfung.

Dieses Grundverständnis fand natürlich auch im Gesetz als Ver-ständnis- und Handlungsleitfaden der ganzen Gesellschaft seinen Nie-derschlag. Nur zwei Jahrzehnte zurück gab es den § 90a BGB noch gar nicht. Im Gesetzesverständnis besaß nur der Mensch „Subjektivität“, Tiere waren den „körperlichen Gegenständen“ gemäß § 90 BGB zuge-ordnet. Der § 90a BGB ist in der Tat gleichsam ein Zugeständnis an „moderne Gefühle“, an heutiges Moral- und Werteverständnis. Inhalt-lich aber ändert sich dadurch nichts: § 90a BGB erklärt Tiere als den Sachen gleich gestellt – und stellt damit rechtlich noch einmal klar, was seit Beginn der Geltung des Bürgerlichen Gesetzbuches schon klar war.

Ich komme im „Exkurs zur juristischen Person“ noch einmal auf Tiere zu sprechen.

**85**  Beim § 228 BGB werden wir dann also fündig: Da ist die Rede von einer „drohenden Gefahr“ – und die kann ganz unterschied-lich aussehen, stellt aber auf jeden Fall eine Bedrohung der persönlichen Rechte (hier die Unversehrtheit der körperlichen Gesundheit) dar.

**86**  Die Gesetzgebung kennt nach § 231 BGB die irrtümliche Selbsthilfe, unter direkter Bezugnahme auf § 229 BGB zur Selbsthilfe. Daraus leiten sich für den § 227 die Putativnotwehr, für den § 228 BGB der Putativnotstand ab. „Putativ“ – ein Fach-begriff, der in der Rechtslehre Anwendung findet und abgeleitet ist vom lateinischen „putativus“, für „vermeintlich“.

Wer in der irrigen Annahme handelt, sich in einer **Notwehrsi-tuation** zu befinden, der handelt nach dem Recht auf jeden Fall **rechtswidrig**. Folglich kommt zumindest eine Schadensersatz-pflicht zum Tragen, auch wenn der **Irrtum** entschuldigt ist!

Entsprechend also auch der **Putativnotstand**, der rechtlich ebenso gehandhabt wird: Derjenige, der eine Sache in der fal-schen Annahme beschädigt oder zerstört, eine drohende Gefahr von sich oder einem anderen abwenden zu müssen... usw., siehe vorhergehend.

Nun wird man schwerlich erwarten können, dass der im Laufen hart verfolgte Hurtik stehen bleibt und sich umdreht, um die Situation abzuschätzen und den Hund nach seiner Absicht einzuschätzen. Selbst wenn Hurtik von einem zahnlosen Hund in spielerischer Absicht verfolgt worden wäre, so hat sich Hurtik rechtmäßig ggü. der unterstellbaren Gefahr verteidigt.

Die folgende Einschränkung nach § 228 Satz 2 BGB gibt es **87** sehr wohl: *„Hat der Handelnde die Gefahr verschuldet, so ist er zum Schadensersatz verpflichtet."* Umkehrschluss: Hat der Betreffende die Gefahr nicht selbst verschuldet, so kann von ihm auch kein Schadensersatz verlangt werden, nur weil er sich unter Inkaufnahme der Zerstörung einer Sache einer drohenden Gefahr erwehrt hat.

Um das zu verdeutlichen, will ich zurück gehen zum Hugo Hurtik: Der Rentner hat einen Anspruch gegen Hurtik wegen des defekten Zauns; Hurtik wiederum hat einen Anspruch gegen denjenigen, der den Schaden zu verantworten hat, und das ist der Hundebesitzer: Der Hundebesitzer hätte dafür sorgen müssen, dass der Hund für niemand anders zur Gefahr wird oder auch nur eine Gefahr darzustellen scheint (also zuletzt angenommen, der Hund sei tatsächlich rein gutmütig).

Aber: Nun wandeln wir den Fall einmal ab:

Hugo Hurtik sieht schon von weitem, dass der Hund nicht angeleint ist. Der **88** Hund steht frei auf dem Bürgersteig, vermutlich vor dem Grundstück seines Besitzers. Da fängt Herr Hurtik schon von weitem an zu knurren – und denkt bei sich: „Na, woll'n wa doch mal sehen, wie der Köter so drauf ist..." Als er erkennt, dass der Hund auf ihn aufmerksam geworden ist, da beginnt er, den Hund starr zu fixieren, deutet einige Male mit hektischen Trippelschritten Laufattacken an und immitiert Bellen.

Als der Hund ihn endlich als Angriffsziel angenommen hat, da rennt Hugo Hurtik wahrhaftig um sein Leben: Diesen Hund schätzt er auf eine Schulterhöhe von locker 70 Zentimetern – da kommt schon einige Kampfkraft auf ihn zu...

Unter diesem Umständen sieht es natürlich nun ganz schlecht **89** aus für den armen Hugo: Zwar bleibt der Hundebesitzer nicht ohne Schuld, da er den Hund weder an der Leine liegen, noch hinter einer für den Hund unüberwindbaren Einfriedung (einem Zaun z. B., den der Hund nicht überspringen kann) gegen den Übergriff auf Außenstehende gesichert hatte. Aber da Hugo Hurtik den Hund ja nun regelgerecht aus der Reserve gelockt hatte, ist er auch ursächlich derjenige, der den Notstand überhaupt erst ausgelöst hat.

Nach § 228 Satz 2 BGB hat Hurtik die Notsituation selbst verursacht und ist somit verpflichtet, für den Schaden aufzukommen.

# Grenzen der Notwehr / Grenzen der Selbsthilfe

**90** Im Folgenden ein Fall der Überschreitung der Notwehr (strafrechtlich §§ 32, 33 StGB, zivilrechtlich §§ 227, 230 Abs. 1 und 231 BGB) in geringer Abwandlung des verhandelten Falles, zu welchem Zweck ich auch fiktive Namen eingesetzt habe (einer Publikation in „http://lexetius.com" angelehnt):

**91** Im dichten Gedränge eines Straßenfestes stößt Ermiyahn Nikci den Harro Heldt an – oder umgekehrt, man weiß es nicht. Jedenfalls dreht Herr Heldt sich um und faucht: „Scheiß Türke!" und „Kannst 'de überhaupt Deutsch? Für 'ne gepflegte Entschuldigung!?" Heldt beendet das Ganze dann aber mit verächtlichem Blick und geht weiter. Herr Nikci folgt ihm und will ihn zur Rede stellen: „Was soll das? Sagen Sie! Ja, ich habe Sie nicht gesehen. Aber vielleicht haben ja auch *Sie mich* angerempelt – und ich habe *nichts* gesagt! Passiert eben schon einmal im Gedränge!" „Nein!" drohnt Heldt, „Du! mich! Angerempelt! Was willst Du?" „Sie können auch vernünftig mit mir sprechen", fordert Nikci ihn auf.

„Scheiß Türke! Was willst Du?!" donnert Heldt und macht einen abwehrenden, aber leer ausholenden Schlag nach Nikci. Da schlägt Herr Nikci dem Heldt dessen Baseballkappe vom Kopf, ohne ihn dabei erwähnenswert am Kopf zu treffen. Nun stürzt Harro Heldt vor und würgt seinen Widersacher unter Beschimpfungen. Herr Nikci schlägt also die Arme des Heldt beiseite und schubst ihn von sich. Dabei fordert Nikci lautstark: „Fass mich nicht an!!"

Daraufhin stürzt der Heldt erneut auf Ermiyahn Nikci los – mit geballten Fäusten voran. Doch ehe Heldt nun zum Zuge kommt, schlägt Nikci ihm drei Mal in schneller Folge ins Gesicht, woraufhin Heldt zu Boden sackt. Dennoch schlägt Nikci den ohne weitere Gegenwehr am Boden liegenden Heldt noch zwei oder drei Mal, ehe er von ihm ablässt, um nun einen erneuten Angriffsversuch durch Harro Heldt von vorn herein zu vereiteln.

Herr Heldt erleidet mehrere Brüche am Unterkiefer und klagt sowohl auf Schmerzensgeld als auch auf Schadensersatz.

**92** Das Gericht erkannte die ersten drei Schläge ins Gesicht des Heldt als gerechtfertigt an, um den beginnenden Angriff durch Herrn Heldt (stürzt mit geballten Fäusten voran) abzuwehren. Diese Abwehr sei durch § 227 BGB gedeckt und nicht widerrechtlich. Das Gericht sah es nicht als gegeben an, dass Herr Nikci sein Notwehrrecht dadurch eingeschränkt habe, dass er Herrn Heldt die Kappe vom Kopf geschlagen hatte. Vielmehr wurde zugunsten Herrn Nikcis gewertet, dass er das Würgen lediglich durch Wegschubsen des Herrn Heldt abgewehrt habe.

**93** Dennoch werden Herrn Nikci insgesamt 1.300 Euro als Schmerzensgeld auferlegt; ein Schadensersatz wird Herrn Heldt nicht zuerkannt. Sowohl die Selbstverschuldung der körperlichen Auseinandersetzung durch Herrn Heldt, als auch die Überschreitung der Notwehr durch die nachgesetzen Schläge, als Herr Heldt strauchelnd am Boden liegt, sind erkennbar. Herr Heldt ist es dem Gericht aber schuldig geblieben, nachzuweisen, dass die Brüche des Kieferknochens auf die nachgesetzten und durch Notwehreinwand nicht mehr gedeckten Schläge – und nicht etwa auf die ersten drei gezielten Abwehrschläge (!) – zurückzuführen waren. Deshalb wurde ihm nur ein Schmerzensgeld zuerkannt.

Ein anderes Fallbeispiel soll die Grenzen der Notwehr verdeutlichen:

Auf einer Open-Air-Veranstaltung ist der Vorstandsvorsitzende Kühlkopf einer **94** international tätigen Aktiengesellschaft als Bühnengast geladen. Er wird von drei Bodyguards begleitet. Nach seinem Auftritt besteht er auf die „Nähe zum einfachen Bürger" und geht publikumswärts die Bühne hinunter. Die Bodyguards drängen mühsam eine Schneise in die johlende Menge... Da stürzt ein junger Mann, Reinhardt, („Reni") Tendt vor, zieht einen Gegenstand aus der Jackentasche, der sich als eine flexible Gummiflasche erweist. Einer der Bodyguards stößt den Kühlkopf beiseite und wirft sich auf ihn. Dabei bekommt der Bodyguard auf der ungeschützten Haut seines Gesichts Säure ab, die eigentlich dem Kühlkopf galt. Ein anderer Bodyguard, Harald Schnell, gelangt zur Ergreifung des jungen Tendt, der sich aber loszureißen versucht, um in der Menge abzutauchen. Ein gezielter Fausthieb Harald Schnells auf dessen Wangenknochen lässt Reni Tendt einen Moment die Knie weich werden – Schnell packt ihn fest und drückt ihn zu Boden. „Mach doch, was Du willst!" brüllt Reni Tendt, „das dicke Ende kommt erst!" „Was heißt das?!" tobt ihn der Harald Schnell durch das Lärmen und Wogen der Menschenmenge hindurch an. „W-A-A-A-S kommt erst?! Los!! Sag schon!" Reni lacht. Dadurch erst recht angespornt, presst der Bodyguard dem jungen Mann mit dem Knie so stark in die Kehle, dass der nur noch hilflos hustet unter erstickten Schreien. Im Schritt des jungen Mannes presst er immer wieder und immer härter zu. „Du wirst mir schon sagen, w-a-s  n-o-c-h  k-o-m-m-t!!" faucht er den Mann an.

Eine Zeit lang geht das so hin und her, während das Keuchen und Husten des Reni Tendt immer hilfloser wird und sein Kopf immer roter anläuft. Plötzlich ist das Letzte, was der Bodyguard noch für den Bruchteil einer Sekunde sieht, ein schwarzer Gegenstand, der auf ihn zu fliegt. Dann wird er unter den reißenden und hart fixierenden Händen mehrerer Veranstaltungsgäste wach: Der Schädel dröhnt, die Nase schmerzt und trieft im Blut; gegen die Überzahl der Gäste, die ihn halten, ist er machtlos. Die Stahlkappe eines Schuhs, der ihn getroffen hatte, hat ihm die Nase gebrochen: Sören Hell hat beherzt der Bedrängung des hilflosen Reni Tendt ein Ende gesetzt.

Später wird der Bodyguard den Sören Hell auf Schadensersatz (Heilungsprozess, Arbeitsausfall) und Schmerzensgeld verklagen; weiterhin wird ihm Komplizenschaft mit dem Tendt und Beihilfe zu der versuchten schweren Körperverletzung gegen den Unterehmer Kühlkopf vorgeworfen.

Sehen wir uns den Fall einmal an.

Ich werfe erst einmal einen Blick auf den Personenschützer, **95** der hier natürlich in der Fragestellung nicht zur Diskussion steht: Schnell hat unzweifelhaft in Notwehr gehandelt (§§ 227 BGB und 32 StGB), und zwar für einen Dritten, den Kühlkopf, in dessen Auftrag er gehandelt hat. Da geht auch der Fausthieb gegen den Tendt glatt durch, mit dem er eine Flucht vereitelt hat. Aber dann geht es plötzlich um Erpressung, nämlich um die Erpressung einer Aussage durch den Personenschützer: Er übt unmittelbar körperliche Gewalt gegen Reni Tendt aus, um von diesem eine Aussage zu erpressen.

Und als es dann offensichtlich zur Lebensgefährdung des Reni Tendt kommt, da greift Sören Hell zu den Mitteln der Notwehr: Gemäß § 227 Abs. 2 BGB übt er Notwehr für einen anderen – die Rechtslehre hat für diesen Fall den Begriff der Nothilfe geschaffen.

**96** Nothilfe ist nicht Gegenstück zur Notwehr, nicht ein anderer Fall der Notwehr, nicht ein eigenständiger Fall der Abwehr einer Not – sondern schlicht und ergreifend die „Selbsthilfe" für einen anderen. Nach dem Gesetzeswortlaut ist es also (§ 227 Abs. 2 BGB) *„diejenige Verteidigung, welche erforderlich ist, um einen gegenwärtigen rechtswidrigen Angriff von [...] einem anderen abzuwehren"*. Der in der Rechtslehre gewachsene Begriff der „Nothilfe" für diesen Fall der Hilfe für Dritte ist griffig, kurz und bündig gelungen – beachten Sie, dass das Gesetz die Nothilfe an sich nicht kennt, sondern den Sachverhalt klar der Selbsthilfe zuordnet.

In Ansehung des rot anlaufenden Kopfes und der zunehmend verblassenden Mitteilungsfähigkeit des Reni Tendt hat Hell gewiss korrekt erkannt, dass keine Zeit mehr zu verlieren war. Also diesem Personenschützer jetzt bloß nicht noch eine Diskussion aufdrängen... Aber ob der Tritt mit der Folge einer kurzen Bewusstlosigkeit und einer gebrochenen Nase tatsächlich das geeignete Mittel war?

**97** § 230 Abs. 1 BGB stellt fest: *„Die Selbsthilfe darf nicht weiter gehen, als zur Abwendung der Gefahr erforderlich ist."* In Ansehung der Not musste die Maßnahme sofort und garantiert greifen– da durfte der Tritt auch ruhig schon mal härter sein. Es mag für Hell auch noch die Erwägung eine Rolle gespielt haben, dass Umstehende ihn an einem Nachtritt hindern könnten, falls der erste Tritt den Tendt nicht gleich aus der bedrohlichen Lage befreien würde. Umstehende könnten den Sicherheitsmitarb. für rechtmäßig handelnd halten.

Bleibt einmal abzuwägen, ob der Stahlkappenschuh das angemessene Mittel war, um Tendt aus seiner Lage zu befreien. Als reine Erstmaßnahme und ohne, dass Hell dann noch einmal nachgetreten hat, ist jedoch die Wahl der Mittel erst von zweitrangiger Bedeutung. (Wir hatten in einem an vorang. Stelle aufgeführten Beispiel anschaulich gesehen, dass die Wahl der Mittel nicht unberücksichtigt bleiben darf und haben so bereits Licht auf die Frage der Abwägung der eingesetzten Mittel geworfen!) Hell mag sich in der Bemessung seiner Maßnahme verschätzt haben; da er aber tatsächlich nur mit einem einzigen Tritt die unmittelbare Notlage aufgelöst hat, hat Hell weder die Befreiung nach Strafrecht noch die des bürgerlichen Rechts überdehnt.

Im strafrechtlichen Sinne müsste man im schlimmsten Falle den § 33 StGB bemühen, um die Überschreitung der Notwehr, die man nach verständiger Abwägung durchaus erkennen kann, zu entschuldigen; den zivilrechtlichen Aspekt betreffend haben wir im Eingangsbeispiel zu diesem Kapitel gesehen, dass die Rechtsprechung eine affektive Überschreitung der Notwehr auch durch das BGB gedeckt sieht. Aber hier liegt der Fall etwas komplizierter, um ihn mit der Handlung im Affekt abtun zu können: Ich muss Sie zum Zwecke der Sensiblisierung mit der ergebnisoffenen Problematisierung konfrontieren.

Tröndle/Fischer beleuchten in ihrem Kommentar zum Strafrecht etwas weiter ausholend (die ich von Quellenhinweisen und weiteren Erläuterungen befreie, um die Kernaussagen leserlich präsentieren zu können): *„Voraussetzung* [für die befreiende Anwendung des § 33 StGB] *ist stets, dass tatsächlich eine Notwehrlage vorliegt; auf Fälle eines* **Putativnotwehr-Exzesses** *ist § 33* **nicht anwendbar.** *§ 33 kommt dem Täter daher nur so lange zugute, bis die Notwehrlage endgültig beseitigt ist; setzt er – weil er die Beendigung der Angriffsgefahr nicht erkennt und weiter in dem Affekt im Sinne von § 33 handelt – seine übermäßigen Handlungen gleichwohl fort, so liegt ein* **Putativ-Notwehr-Exzess** *vor, der zwar eine Bestrafung wegen vorsätzlicher Tat,* **nicht** *aber eine* **Fahrlässigkeitstat ausschließt.“** (Tröndle/Fischer, § 33 Rn. 4) – Das käme Sören Hell ja noch zugute. Aber zum Putativ-Notwehr-Exzess erläutern die Autoren:

*„Ein so genannter intensiver Notwehrexzess ist gegeben, wenn der Täter bei zutreffend erkannter Notwehrlage das Maß der erforderlichen und gebotenen Notwehr überschreitet. Wenn dies auf den Affekten Verwirrung, Furcht oder Schrecken beruht, so gilt § 33.“* (Tröndle/Fischer, § 32 Rn. 26) – und weiter –

*„So genannte* **Putativnotwehr** *ist gegeben,* **wenn der Täter** *irrig die Voraussetzungen der Notwehr* **annimmt,** *also entweder, dass er angegriffen werde, oder* **dass seine Verteidigung geeignet,** *erforderlich oder* **geboten sei** *[...]“* (Tröndle/Fischer, § 32 Rn. 27) – Diesen Irrtum haben wir ggf. bei Sören Hell vorliegen, womit eine Überschreitung der Notwehr vorliegen könnte, die ihn folglich des Vorsatzes befreit, aber eine Belangung wg. Fahrlässigkeit nicht unbedingt ausschließt!

Und so muss ich nachdrücklich darauf hinweisen, dass nicht zwangsläufig jede Überschreitung der Notwehr durch Gesetz oder Rechtsprechung befreit ist; ich erinnere an mein Kapitel zum Jedermanns-Recht, und hier an den Fall der Anwendung des Schlüsselkreuzes als Waffe!

Was weiterhin auch zu unterscheiden ist, ist der *Schuldbegriff* im Sinne des Strafrechts und der *Verantwortungsbegriff* im Sinne des Zivilrechts. So können bei Überschreitung der

Angemessenheit der Mittel, die zur Notwehr oder Nothilfe eingesetzt wurden, durchaus Ansprüche dessen, der an sich „Täter"
ist, gegen den anderen entstehen. Und zwar gegen denjenigen,
der sich in der Not gegen einen Angriff gewehrt hat oder gar für
einen anderen in die Bresche gesprungen ist. Dann nämlich,
wenn die Wahl der Mittel unentschuldbar ausgeufert ist, so dass
der Schaden, den der „eigentliche Täter" dadurch erlitten hat,
nicht mehr zu rechtfertigen ist! Im strafrechtlichen Sinne bleibt
derjenige in der Regel zwar (wie wir zuvor gesehen haben: nicht
zwingend!) schuldfrei, der in der Situation der Notwehr oder der
Nothilfe gehandelt hat. Aber im zivilrechtlichen Sinne kann er
noch immer verantwortlich und schadenersatzpflichtig sein.

Derlei Fallkonstellationen und Rechtsprechungen können in
bitterer Weise das Rechtsgefühl des Einzelnen verletzen. Im
schlimmsten Fall ist es durchaus schon eingetreten, dass der
zur Nothilfe herbei Geeilte Schmerzensgeld zahlen muss, weil
er ein Maß in der Wahl seiner Mittel nicht gewahrt hat, von dem
entscheidende Richter der Ansicht waren, dass der verständige
**100** Bürger dieses Maß hätte einhalten müssen. Auf der anderen
Seite geht der Täter der strafbaren Handlung, die dadurch verhindert wurde, womöglich straffrei aus, weil es am Strafantrag
dessen fehlt, der nur durch die Nothilfe des anderen dem Schaden entgangen ist!

Spätestens in solchen Fällen kommen dann Zweifel auf über
den Sinn oder Unsinn so genannter Antragsdelikte – solcher
strafbarer Handlungen also, die nur dann auch strafrechtlich
verfolgt werden, wenn der Geschädigte einen Strafantrag stellt,
weil man andernfalls das strafrechtliche Verfolgungsinteresse
verneint.

An späterer Stelle werde ich auch Licht auf ein Fallbeispiel
werfen, das in eine ähnliche Richtung weist.

### Anderes Beispiel:

**101** Lothar Lauf durchquert auf seinem Heimweg die Fußgängerzone. Da ver-
nimmt er ein Rufen und Schimpfen aus dem Juweliergeschäft des Goldschmieds
Silberbeil. „... her damit! Verdammt! Du Dieb!" Dann sieht er fast unmittelbar
neben sich einen jungen Mann aus dem Laden stürmen. Er nimmt sofort die Verfolgung auf und hat den jungen Kerl schon nach kurzem Sprint eingeholt – der
ihn erschrocken über die Schulter ansieht, als Lothar Lauf auch schon in seine
fliegende Jacke greift und den Burschen zu Boden reißt. Zahlreiche blutende
Schürfwunden und ein verstauchtes rechtes Handgelenk sind die Folge.

Lauf ruft die Polizei hinzu, die drei Minuten später eintrifft und den Burschen in
Gewahrsam nimmt. Dann geht Herr Lauf zu dem Juwelier – und ist bass erstaunt
zu erfahren, dass gar nichts weggekommen sei: Der Juwelier habe den jungen
Burschen auf frischer Tat ertappt und durch sein plötzliches Erscheinen so sehr
erschrocken, dass der dann gleich alles habe fallen lassen und lieber das Weite
gesucht habe.

Der junge Mann geht nun in die Gegenoffensive: Er erstattet Anzeige gegen
Lauf wegen Körperverletzung und verlangt Schmerzensgeld.

Wir brauchen hier nun gar nicht mehr lange zu rätseln: Hier greift die so genannte *Putativnotwehr*. Dabei hatte Lauf die Notwehr für einen Dritten ergriffen. Auch die Tatsache, dass Lauf nicht erst in das Geschäftslokal gegangen ist, um sich zu erkundigen, ob etwas gestohlen worden sei, kann man ihm nicht nachteilig anlasten: Die Situation hat ihn so plötzlich überrascht, dass er dem ersten Anschein folgend eingegriffen hat, um dem jungen Mann erst gar keinen aussichtsreichen Vorsprung einzuräumen.

Außerdem haben wir schon an anderer Stelle kennen gelernt, dass auch der Versuch des Diebstahls bereits eine strafbare Handlung gemäß § 240 Abs. 2 StGB ist. Silberbeil steht es zu, Anzeige gegen den jungen Mann wegen des *versuchten* Diebstahl zu erstatten – auch dann, wenn er überhaupt gar keinen Schaden durch diesen Versuch erlitten hat, etwa, weil es auch keinerlei Beschädigungen in seinem Ladenlokal oder an dem Schmuckstück gegeben hat, das der Täter erschrocken hat fallen lassen. Ein Verfolgungsinteresse bestand also auch im Falle des nur versuchten Diebstahls.

# Exkurs zur Nothilfe

Ein Allgemeininteresse vorausgesetzt, und zur Sensibilisierung möchte ich an dieser Stelle noch einen Fall aufgreifen, der sich im Jahre 2002 ereignet hat. Es geht dabei um einen Fall der Nötigung nach § 240 StGB. Aber, darauf sei hingewiesen, es handelt sich um einen Fall aus polizeilichem Umfeld.

Ich spreche dieses Beispiel aus Gründen der Verdeutlichung an, denn es hatte Fälle gegeben (und es wird solche sicherlich immer wieder geben), in denen Mitarb. privater Sicherheitsdienste die eigenen Kompetenzen fehlerhaft einschätzten. Das hatte die Gesetzgebung endlich in den 90er Jahren dazu veranlasst, zu handeln: Im § 34a GewO wird eine rechtliche Unterweisung von Sicherheitsunternehmern und Sicherheitsmitarb. vorgeschrieben.

Aber selbst in seit eh und je hinreichend eingewiesenen Kreisen, nämlich im polizeilichen Umfeld, geschehen unter Druck Entgleisungen, die – eine ähnliche Problemkonstellation vorausgesetzt – das private Sicherheitsgewerbe sogleich pauschaliert in ein schlechtes Licht rücken würden, wenn ein Mitarb. eines Sicherheitsdienstleisters in derartiger Weise „entgleist" handelte...

**104**  Der Student Gäfgen entführt am 27. September 2002 den elfjährigen Jakob von Metzler, Sohn des Frankfurter Bankiers Friedrich von Metzler, und tötet ihn praktisch umgehend in seiner Wohnung; die Leiche versteckt er in einem See. Anschließend erpresst er erfolgreich binnen zwei Tagen ein Lösegeld in Höhe von 1 Mio. Euro.

Die Polizei greift bei der Geldübergabe nicht zu, sondern beobachtet und verfolgt nur, in der Hoffnung, der Student werde das Versteck des Kindes aufsuchen und sich damit enttarnen. Eltern und Polizei gehen davon aus, dass das Kind lebt. Stattdessen aber bucht Gäfgen eine Flugreise nach Fuerteventura und bestellt einen Mercedes der C-Klasse. Am 30. September 2002 nimmt die Polizei ihn am Flughafen Frankfurt/Main fest.

Als die Vernehmungen des Gäfgen erfolglos bleiben und nur in die Irre führen, ordnet der Polizei-Vizepräsident Daschner schließlich am 1. Oktober an, Maßnahmen des unmittelbaren Zwanges an Gäfgen zu üben. Daschner „beruft sich auf die Abwehr einer drohenden Gefahr: Er habe nur die Alternative gesehen, entweder mit Androhung von Zwang auf Gäfgen einzuwirken oder den Tod des Kindes in Kauf zu nehmen" (Die Zeit, 25.11.04).

**105**  Daschner handelt tatsächlich ohne Unrechtsbewusstsein und in der Annahme, befugt zu sein. Sein Anwalt trägt später vor, die Vorwürfe der Nötigung oder die Anstiftung zur Nötigung kämen ohnehin nicht zum Tragen, weil es dafür »an der mangelnden Verwerflichkeit« fehle. Daschner habe »völlig uneigennützig gehandelt«. [Sein Anwalt] kritisierte auch die in der Öffentlichkeit immer wieder **105a** vorgetragene Abwägung zwischen Menschenwürde und der Rettung des Lebens des entführten Kindes. »Das ist falsch. Hier stand Menschenwürde gegen Menschenwürde.«" (Welt, 17.12.04) Aber deutlicher, dass Daschner sich im Recht fühlte, macht die Tatsache, dass er unmittelbar einen Aktenvermerk über seine Anordnung anfertigte und auch selbst an die Oberstaatsanwaltschaft informell weiterleitete.

Auf die Androhung größeren Übels hin, so Gäfgen später, habe er das Versteck des zudem bereits getöteten Kindes preisgegeben. Von polizeilicher Seite sollte später dargestellt werden, dass es zur Androhung von Misshandlungen noch gar nicht gekommen sei.

Zur Abwägung des Falles und zur Verteidigung Daschners wies dessen zweiter Anwalt „darauf hin, daß durch die Entführung eines Menschen eine Notwehrlage geschaffen werde. Und daß es nach dem Gesetz gleichgültig sei, ob ein normaler Bürger oder ein Polizist in Notwehr für sich selbst oder einen Dritten agiere." Und weiter kritisiert er, „es sei ein »grotesker Gedanke [...] daß die Polizei in einer derart verschärften Situation angeblich nicht handeln darf und die Eltern des kleinen Jakob geholt werden müssen, weil sie als Angehörige dem Entführer drohen dürfen." (Welt, 17.12.04)

Die Verteidigung darf natürlich alles vorbringen, was sie für geeignet hält, um den Täter in ein günstiges Licht zu stellen. Aber ohne hier mit einer richterlichen Entscheidung in einem etwaig ähnlich gelagerten Fall eine eindeutige Haltung der Rechtsprechung wiedergeben zu können, so muss ich doch auf ein Problem hinweisen:

Es darf nicht eindeutig angenommen werden, dass die Eltern selbst Drohungen gegen den Täter hätten aussprechen dürfen, sich auf die Notwehrlage berufend. Ist die Lösung eines Konflikt- bzw. Notfalls erst an die staatliche Gewalt übergegangen, so ist auch das **106**|

Selbsthilferecht ausgesetzt! Das Primat der staatlichen Gewalt herrscht dann wieder und BEherrscht auch die Konfliktlösung. Das Primat der staatlichen Gewalt ist nur dann ausgesetzt, wenn der Bürger in nothafter Bedrängnis auf sich selbst gestellt ist! Es mutet schon satirisch an, dass die Polizei angeblich so aus heiterem Himmel sollte feststellen können: „Haija, wir machen mal Pause – der Fall nervt so sehr: Da sollen die sich doch mal selbst drum kümmern!"

Der Staat wiederum hat sich **107** den Verzicht auf Misshandlung auf die Fahnen geschrieben und wertet die körperliche Misshandlung als Missbrauch des Gewaltmonopols und als Verstoß gegen das Grundrecht der Menschenwürde (Art. 1 GG). „Dieses Grundrecht ist nach der Rechtsprechung des Verfassungsgerichts »abwägungsfest«, woraus u. a. ein absolutes Folterverbot des Staates abgeleitet wird." (Die Welt, 02.02.08)

Lesen wir hierzu auch eine andere Aussage eines Polizeikollegen, die im Rahmen des Ermittlungsverfahrens geäußert worden war: „[...] die polizeiliche Sozialisation ist darauf ausgerichtet, dass man jemandem, der sich in Polizeigewahrsam befindet, keine Schmerzen zufügt". (DIE ZEIT, 25.11.2004)

Zur Ausschöpfung angemessener Mittel sagte in der Beweisaufnahme ein Polizeibeamter aus, es seien bis zu dieser Anordnung noch gar nicht „alle Möglichkeiten ausgeschöpft gewesen, so sei eine Ggü.stellung Gäfgens mit der Schwester des entführten Jakob geplant gewesen, die nicht stattfand." (Die Zeit 25.11.04) Offenbar stellten mehrere Aussagen in dieser Richtung die „Erforderlichkeit" von Erzwingungsmaßnahmen überhaupt in Frage.

Am Ende geht Daschner mit einer Geldstrafe aus. Und die Aussageerpressung durch den Amtsträger (§ 343 StGB) bleibt offenbar ganz außen vor.

**108** Man mag, wie Erb in seinem Beitrag für „DIE ZEIT" am 09.12.04 feststellt, öffentlich auf den Begriff „Folter" überreagiert haben.

So schreibt z. B. Heike Borufka als Gerichtsreporterin für den Hessischen Rundfunk: „Zwar ging es in diesem Verfahren zum Glück [...] „nur" um ihre Androhung [eig. Anm.: körperl. Misshandlung bzw. Folter] in einer ganz außergewöhnlichen Situation und zudem mit achtenswerten Motiven. Gleichwohl war es ein Sündenfall. Der Grundsatz, dass sich alles staatliche Handeln auf die Rechtsprinzipien gründet, ist durchbrochen worden. Der Staatsanwalt hat davon gesprochen, dass hier die Tür zu einem dunklen Raum einen Spalt geöffnet worden sei." (hr, 20.12.04)

Volker Erb sieht das etwas anders, wie er in der „ZEIT" am 09.12.2004 darlegt: „In Artikel 2 der UN-Folterkonvention findet sich zwar ein Verbot, »außergewöhnliche Umstände gleich welcher Art ... als Rechtfertigung für Folter« geltend zu machen. Dabei ist im Folgenden aber nur von unterschiedlichen Varianten eines »öffentlichen Notstands« die Rede, nicht hingegen von der strukturell völlig anders gelagerten Notwehr. [...] So verursacht ja auch die Zulassung tödlicher Notwehrhandlungen, mit der das andere zentrale Tabu unserer Zivilisation (nämlich das Tötungsverbot) legitimer- und notwendigerweise durchbrochen wird, keinen »Dammbruch« [...]".

[...] Auf diese Weise wirkte dann der Staat aktiv darauf hin (nicht gezielt, aber doch wissentlich), dass der Mörder seine Tat ungestört zu Ende führen kann, was letzten Endes bedeutet, dass er sich strukturell in die Rolle eines Mordgehilfen begibt. Das ist nicht nur ein Verstoß gegen den Artikel 2 des Grundgesetzes (Schutz des Lebens), sondern auch – und zwar, wie gesagt, in aktiver Form – ein solcher gegen

**108a** Artikel 1 (Unantastbarkeit der Menschenwürde): Wer Anlass und Umstände des grausamen Todes bedenkt, den ein unversorgtes Entführungsopfer erleidet, kann eine Verletzung der Menschenwürde durch den Entführer und jeden, der ihn dabei in irgendeiner Form unterstützt, schwerlich in Abrede stellen."

Dafür, dass Herr Erb an der Universität Mainz Strafrecht und Strafprozessrecht lehrt, ist er sehr kühn in der Auslegung des Strafgesetzbuches. Wir folgen ihm noch ein wenig:

„Wer einen anderen Menschen entführt, schafft eine so genannte Notwehrlage, die so lange andauert wie der Freiheitsentzug des Opfers. In dieser Situation erlaubt Paragraf 32 unseres Strafgesetzbuches (StGB) grundsätzlich jedes Vorgehen ggü. dem Entführer als »Angreifer«, das zur Abwendung des Angriffs (also zur Befreiung des Opfers) »erforderlich« ist. Anders als beim rechtfertigenden Notstand (Paragraf 34 StGB) schreibt das Gesetz in diesem Fall keine Interessenabwägung vor." (ebenfalls: DIE ZEIT, 09.12.04)

Erstens wird aber bereits in § 32 StGB von der Erforderlichkeit der Mittel gesprochen – was nicht nur eine Bemessung der Mittel, sondern ggf. auch eine Abwägung der verletzten Rechte einschließt (!) – und zweitens bemüht man **109|** den § 33 StGB, um eben nicht die Grenzen der Maßhaltigkeit aus dem Auge zu verlieren: Nach § 33 StGB wird nur derjenige nicht bestraft, der „aus Verwirrung, Furcht oder Schrecken" die Grenzen der Notwehr überschreitet. Die Rechtsprechung geht sogar dahin, dass mit § 33 StGB nur derjenige entlastet ist, der in tatsächlicher Notwehr handelt; im Falle eines Putativ-Notwehrexzesses (also die Eskalation in der nur angenommenen Notwehrsituation) wird nur vom Vorwurf der Vorsätzlichkeit befreit, während die Strafbarkeit einer Fahrlässigkeitstat nicht ausgeschlossen ist. (Tröndle/Fischer, § 33 Rn. 5) – Zur Abwägung von Vorsatz und Fahrlässigkeit will ich an anderer Stelle auch noch kommen.

Recht hat die Gerichtsreporterin **110|** Borufka, wenn sie feststellt: „Bis zum Schluss hat der Frankfurter Polizeivizepräsident jegliches Unrechtsbewusstsein vermissen lassen und trotzdem das denkbar mildeste Urteil bekommen." (hr, 20.12.04) Das aber sehe ich im Gegensatz zu Frau Borufka nicht so eindeutig darin begründet, dass es sich um einen Polizei-Vizepräsidenten handelte. Auch mag es eine Rolle gespielt haben, dass dieser hohe Beamte relativ kurz vor seinem Ruhestand war (Fühlte er sich am Ende seiner „Karriere" einfach zu sicher, glitt er ab in Selbstgerechtigkeit? Oder war er nun endlich – und ganz schlicht – überfordert?). Aber es schleicht mich das Gefühl an, dass man sich gerichtsseitig nicht getraut habe, abschließend „Farbe" zu bekennen.

Selbstverständlich ist die körperliche Misshandlung zu Ermittlungszwecken, oder nur die Androhung einer solchen, unter Strafe verboten. Andererseits war ein immenser Erfolgsdruck geboten, wähnte man doch die Geisel, das elfjährige Kind, noch lebend – und hatte mit dieser Kaltblütigkeit, die Geisel zum Auftakt der Erpressung bereits zu ermorden, einfach nicht gerechnet.

Aber schlimmer noch – die mangelnde Kreativität eines Polizeistabes ist so blamabel, dass davon nirgends zu lesen ist: Wenn der Täter nach Erhalt des Geldes die Geisel nicht versorgt, aber auch nicht heraus gibt, und wenn weiterhin der Täter auch nach der Ergreifung das Versteck nicht preis gibt, weshalb kam dann niemand auf die Idee, dass die Geisel nur noch tot sein könne? Denn wenn der Täter als Erpresser und Geiselnehmer nun schon gefasst war, dann hätte die schnelle Preisgabe des Verstecks einer noch lebenden Geisel nur das Strafmaß mindern können – was insbesondere dem Jurastudenten hätte einleuchten müssen! Vor diesem Hintergrund war die Androhung von körperlichen Druckmitteln, um eine Aussage zu erzwingen, einfach nur peinlich – von der Verletzung des Grundrechts und polizeilicher Befugnisse einmal ganz abgesehen.

Überspitzt gesagt musste man also dem Gesetz zuliebe eine Sühne aussprechen – wollte aber auch nicht zugeben, dass auf der anderen Seite der Medaille die Hilflosigkeit des Staates (und damit gleichsam der Gesellschaft) ggü. einem stoisch schweigenden oder gar mit Falschaussagen spielenden Täter stand.

Erb steht in der Rechtslehre

mit seiner etwas „krasseren" Auslegung zur Legitimation von körperlicher Misshandlung im Ermittlungsverfahren keineswegs alleine da! – Das Bundesverfassungsgericht sieht aber auf der Grundlage

**110a** des Artikels 1 des Grundgesetzes die Würde es Menschen absolut unantastbar und das Folterverbot außer jeder Diskussion. Wollte sich das Gericht in diesem Fall – mit einer unverkennbaren Sympathie für den „offeneren" Umgang mit gewissen Ermittlungsmethoden – auf jeden Fall aus dem Konfliktfeld heraushalten?

-----------------------------------------

In Ihrem persönlichen Interesse kann ich nur dieses dringend an Ihr Herz legen und in Ihr Bewusstsein bringen:

Gehen Sie als Mitarb. eines Sicherheitsdienstes davon aus, dass Ihnen eben nicht alle Mittel der Selbsthilfe zugestanden werden – soweit nicht, das natürlich vorausgesetzt, durch einen Angriff etwaig Ihr eigenes Leben oder Ihre eigene körperliche Unversehrtheit unmittelbar (mit) bedroht sind.

Gehen Sie davon aus, dass man Ihnen eine distanzierte Haltung abverlangt: Die Obacht für fremdes Leben oder fremdes Gut zu übernehmen, erfordert nicht nur, aber insbesondere eine rechtliche Unterweisung. Infolge einer solchen Unterweisung wiederum sind Sie nicht mehr „ahnungslos".

Machen Sie sich auch weiterhin bewusst, dass es feine Unterschiede sehr wohl gibt zwischen der Notwehr aus der unmittelbaren Selbstbetroffenheit heraus und der Notwehrmaßnahme für einen Dritten, der so genannten Nothilfe.

Fallbeispiel:

**111** Eine Frau wird von einem Mann überwältigt und mit an die Kehle gehaltenem Messer in eine alte Bauruine gedrängt. Dort stößt der Täter sie, weiter mit dem Messer an ihrer Kehle, zu Boden, reißt unter ihrem Rock an Strumpfhose und Slip, drängt sich zwischen ihre Beine, da er die Gefahr des berüchtigten Hiebes mit dem Knie zu erkennen scheint, und beginnt dann, seine eigene Hose zu öffnen.

Da die Frau das Messer an ihrer Kehle zwar spürt, aber meint, dadurch trotz des rüden Vorgehens ihres Widersachers nicht eklatant verletzt worden zu sein, gewinnt sie den Eindruck, dass das Messer nicht besonders scharf sei. Und als sie in ihrer Not plötzlich mit dem Handrücken einer ihrer Hände gegen einen scharfkantigen Gegenstand stößt und es daraufhin dumpf metallisch klirrt, wähnt sie einen Gegenstand angetroffen zu haben, der sich als Waffe gegen den Täter eignet.

Die Frau umklammert allem Schmerz zum Trotz das rostige Kanteisen und schlägt mit einem einmaligen Hieb und mit aller Kraft, die sie sammeln kann, auf den Kopf des Täters ein. Der Täter taumelt zur Seite und bricht zusammen; später stirbt er an den Folgen eines Schädelbasisbruches. Die Frau hat keine weitere Gewalt als diesen einen Hieb angewendet.

Die Frau handelt erstens gemäß § 32 Satz 1 StGB definitiv nicht rechtswidrig, und zweitens wird nach dieser Notwehrlage nicht einmal der § 33 StGB bemüht, um auf Straffreiheit bzw. Schuldfreiheit zu befinden. Es ist auch nach Lage der Situation abzulehnen, dass sie aus „Verwirrung, Furcht oder Schrecken" überreagiert habe. Sondern vielmehr hat sie das einzige sich bietende Mittel zur Abwehr genutzt, um sich des Angriffs (zudem unter Vorhaltung eines Messers, dessen Klinge bei aller Stumpfheit mindestens als Stichwaffe noch geeignet wäre, ihr eine tödliche Halsverletzung beizubringen) zu erwehren.

**112** Wenn nun aber in Abwandlung dieses Falles der Friedhelm Friedlich von dieser Situation überrascht wird, als er in derselben Bauruine gerade „wild" seiner Notdurft folgt, wird sich eine andere Bewertung ergeben:

Friedlich bewaffnet sich mit einem schweren, rostigen Kanteisen, das er leise an der Stelle aufnimmt, an der er soeben uriniert hatte. Dann schleicht er sich an die beiden heran und sieht nicht (!), von hinten kommend, dass der Täter ein Messer an den Hals der Frau hält.

Schlüge Friedlich dem Täter ebenfalls auf den Kopf, etwaig auch mit Todesfolge, so wird man um den § 33 StGB nicht umhin kommen, um ihn zu entlasten. Friedlich hätte eine andere Körperstelle wählen können, um den Täter zu überwältigen. Er hätte etwa (und ganz im Gegensatz zu der Frau selbst in ihrer Lage) auch einen zweiten Schlag einkalkulieren können, nachdem er, das Überraschungsmoment seines ersten Hiebes z. B. gegen ein Schulterblatt oder in die Weichteile (also unterhalb der Rippenknochen) nutzend, den Täter zunächst bei seinem unmittelbaren Tatvorhaben „gestört" hätte.

Beachten Sie bitte, dass die Formulierung des § 32 Satz 2 StGB, „[...] einen [...] Angriff von sich oder einem anderen abzuwenden", nicht eine alles umfassende Gleichsetzung des von außen Helfenden mit dem Selbstbetroffenen beinhaltet! Die andersartigen Tatumstände können sehr wohl eine unterschiedliche Bewertung der Verhältnismäßigkeit mit sich bringen!

(Ich will aber der Transparenz halber darauf hinweisen, dass Tröndle/Fischer in ihrem Kommentar zum StGB die Gleichstellung von Selbstbetroffenem einerseits und außenstehend Helfendem andererseits als den Grundsatz darstellen (§ 32 Rn. 7), die andere Auffassung aber nicht unerwähnt lassen – auf die ich vor dem Hintergrund verschiedener richterlicher Entscheidungstendenzen wie auch vor dem Hintergrund des realen Lebens hinweisen muss.)

--------------------------------------------

Lassen Sie mich nach diesem Abschweifen noch einmal auf die Ausgangsproblematik zurück kommen, nämlich auf die der körperlichen Misshandlung zur Erzwingung einer Aussage oder Tat – zur Folter also.

Meines Erachtens als eines der wesentlichen Argumente für den Erhalt des Folterverbots wird von Tröndle/Fischer (§ 32 Rn. 7b ff) hervor gehoben, dass die Zulässigkeit der Folter eine „Einzelfall-Rechtsprechung zur Folter" erfordern könnte. Was ist damit gemeint?

Innerhalb des rechtsstaatlichen Systems, so führen Tröndle/Fischer aus, wäre die Möglichkeit der Rechtsmittel einzuräumen. Und das würde in der einen wie in der anderen Richtung leicht Schutz- und auch Anspruchsregeln mit Stilblütencharakter hervor bringen:

Einerseits das Recht des Misshandelten, ggf. eine einstweilige Verfügung gegen die weitere Folter zu beantragen. Es wäre dann im Eilantragsverfahren richterlich darüber zu entscheiden, in Ansehung welcher Notlage entgegen stehend welches Ausmaß der Nötigung bzw. körperlichen Misshandlung noch angemessen oder aber schließlich doch verwerflich wäre....

Andererseits dann auch das Recht Angehöriger von Betroffenen z. B. im Entführungsfall, die Folter zur Erzwingung sachdienlicher Hinweise auf dem Rechtswege durchsetzen zu können.

Die Psychologie sieht – nicht unberechtigt und durchaus sogar erfahrungsgemäß – das Risiko von erwartungsorien-

113

tierten Falschaussagen, um der körperlichen Misshandlung zu entgehen. Was eine erfolgreiche Ermittlung ebenso wie später eine angemessene Rechtsfindung wiederum behinderte. Dieser Nachteil ist nur in einem wie auch immer ausgestalteten, repressiven System gleichgültig, weil die allgegenwärtig über der Gesellschaft schwebende Androhung von Folter als Mittel der Disziplinierung nicht nur zwangsläufig eingeschlossen, sondern sogar gewollt ist. Nicht wirklich gewollt in einem solchen System ist wiederum eine tatsächliche Rechtsfindung – sondern in einem solchen System geht es letztenendes darum, eine allg. Regeltreue mit (fast) jedem beliebigen Mittel zu erzwingen.

Diese zunächst abstrakt erscheinende Argumentation ist einfachstes psychologisches Rüstzeug, mit dem man die Folter als Maßnahme im Ermittlungsverfahren für den Rechtsstaat nur rundherum ablehnen kann.

**114** Abschließend kann ich nur noch einmal hervorheben:

Es gibt einen Unterschied zwischen der Notwehrmaßnahme des unmittelbar selbst Betroffenen und der Notwehrhandlung für einen Dritten – auch wenn das Gesetz hier eine Gleichstellung ausspricht. Und: Es gibt einen Unterschied zwischen der Notwehrmaßnahme eines „durchschnittlichen" Bürgers für einen Dritten und der Notwehrhandlung einer solchen Person zugunsten eines Dritten, der mit dem Schutz des Lebens oder der Bewachung einer Sache durch einen Dritten aufgrund seiner Berufsausübung beauftragt ist.

Und es gibt, wegen der berufsmäßigen Stellvertreterposition des Sicherheitsmitarb., die erhöhte Sorgfaltspflicht.

Durch den berufsmäßigen Umgang mit jedweden Rechten anderer Personen, so ein genannter Dritter, wird auch dem Sicherheitsmitarb. mehr Vorausschau abverlangt und eine größere Fähigkeit, das Eintreten für Dritte mit Vorausschau und Umsicht, mit Distanziertheit und Überblick zu üben.

# Vorsatz und Fahrlässigkeit

Die Abwägung der Gefahrverschuldung gemäß § 228 Satz 2 BGB soll überleiten zur Abhandlung zum Thema des Vorsatzes und der Fahrlässigkeit – die damit verbundenen Verantwortungsabstufungen zu kennen, ist in jedem Arbeitsverhältnis wichtig.

Fallabwandlung: Hätte der Fahrer der „Perfekt – Bauunternehmung" selbst, nachdem er z. B. seine Bestellformalitäten abgewickelt hatte und nun zum Fahrzeug zurückkehrt, das er bereits rollen sieht, die gleiche Maßnahme ergriffen und den Lkw mit Hilfe des Gabelstaplers zum Stehen gebracht, so könnte die „Perfekt – Bauunternehmung" direkt nach § 228 Satz 2 BGB auf den eigenen Mitarbeiter durchgreifen und von ihm Schadensersatz verlangen. Der Fahrer könnte erkennen, dass er nicht mehr rechtzeitig die Fahrerkabine erklimmen, die Tür aufschließen und in die Kabine würde steigen können, um den Lkw noch zum Stehen zu bringen – und deshalb notfallmäßig die Sache lieber beschädigen, als dem Gefahrenverlauf unverrichteter Dinge zuzusehen. Aber der Fahrer selbst hatte die Gefahr, die er abgewendet hat, verursacht! **115**

„Das", werden Sie ausrufen, „kann ja noch nicht reichen, um den Fahrer in die persönliche Haftung zu nehmen!" – Schließlich hat er diesen Fehler im Rahmen seiner Arbeitstätigkeit und seiner abhängigen Beschäftigung gemacht. Kühn geschlossen: Hätte er nicht gearbeitet, so hätte er auch diesen Fehler nicht gemacht.

In Fällen der fahrlässigen Schadensverursachung stimmt das auch. Auch wird der Arbeitgeber hier wohl aus einer Mithaftung nicht ganz heraus kommen. Aber: Der Arbeitnehmer hat *grob* fahrlässig gehandelt, indem er die Feststellbremse seines Lkw nicht betätigte, nachdem er den Lkw abgestellt hatte. Und die *grobe* Fahrlässigkeit ist – praktisch in Tuchfühlung mit demselben – die letzte kleine Abstufung unmittelbar vor dem Vorsatz. Das Tatbestandsmerkmal der groben Fahrlässigkeit geht mit einer außerordentlichen Sorgfaltspflicht einher und wird in den meisten Fällen in der juristischen Konsequenz mit dem Vorsatz sogar gleich gestellt! **116**

Ein nur fahrlässiges Verhalten eines Arbeitnehmers muss der Arbeitgeber gegen sich wirken lassen, d. h. er muss für Schäden aufkommen, die der Arbeitnehmer verursacht, ohne den Arbeitnehmer irgendwie zu benachteiligen. **117**

§ 276 Abs. 2 BGB: *„Fahrlässig handelt, wer die im Verkehr erforderliche Sorgfalt außer Acht lässt."* oder, mit anderen Worten, handelt fahrlässig, wer nicht die Umsicht walten lässt, die allg. erwartet werden kann (natürlich bezogen auf und in Abstimmung auf die jeweilige Handlung). **118**

§ 276 Abs. 3 BGB: *„Die Haftung wegen Vorsatzes kann dem* **119**

*Schuldner nicht im Voraus erlassen werden.*" oder, mit anderen Worten, lässt das Gesetz nicht zu, jemandem Nachsicht einzuräumen, der mit Vorsätzlichkeit handelt – wohl aber, in Fällen der Fahrlässigkeit (z. T. mit den Abstufungen der groben oder leichten Fahrlässigkeit), in denen das Gesetz Haftungsentlastung zulässt und teilweise sogar vorsieht.

**120** Wer mit Vorsatz handelt, **beabsichtigt** eine mehr oder minder klar definierbare, negative Folge seines Handelns.

Im Palandt (§ 276, Rn. 10) wird der Vorsatz w. f. aus dem Kommentar von Soergel zum Bürgerlichen Gesetzbuch wieder-

**121** gegeben: *„Vorsatz ist das Wissen und Wollen des rechtswidrigen Erfolges."*

Meinen vorang., eigenen Definitionsversuch zum Vorsatz will ich nutzen, um im Rahmen gleichsam einer Gegenüberstellung die Unterscheidung zur groben Fahrlässigkeit zu verdeutlichen:

**122** Wer unter grober Fahrlässigkeit handelt, **nimmt** eine mehr oder minder klar definierbare und grundsätzlich bekannte negative Folge seines Handelns **in Kauf.**

Wer grob Fahrlässig handelt, ist sich also der Gefahr bewusst oder aber **müsste** sich zumindest der Gefahr bewusst sein! Die grobe Fahrlässigkeit ist häufig aus der Handlung heraus ein Unterstellungsfall: Insbesondere das Führen eines Kraftfahrzeugs betreffend kennt man häufig die Unterstellung grober Fahrlässigkeit, obgleich vielleicht aus blankem Leichtsinn heraus in besonders gefährdender Weise gehandelt wurde – die Möglichkeit, durch das Führen eines Kraftfahrzeugs Dritte zu gefährden, wird als so groß angesehen, dass ein entsprechendes Gefährdungsbewusstsein beim Fahrzeugführer unterstellt werden muss.

Weshalb diese Hervorhebung: „müsste"? Weshalb der Unterstellungsfall zur groben Fahrlässigkeit? Ein Fallbeispiel:

**123** Trotz des Hinweises auf eine Schule und die Bestimmung der maximalen Geschwindigkeit von 30 km/h fährt ein Autofahrer in großer Eile mit deutlich überhöhter Geschwindigkeit durch die mit 150 m Länge ausgewiesene Gefahrenzone. Dabei denkt er sich, dass um 8:50 Uhr kein Schüler auf der Straße sein werde und er die nächste Ampelphase auch noch mit „Grün" erwischen kann, wenn er nicht für diese relativ lange Strecke seine Geschwindigkeit drosselt. Unversehens rennt ein sechsjähriger Schüler in der ausgewiesenen Gefahrenzone und unter Zuhilfenahme der in der Mitte der Gefahrenzone angelegten Verkehrsinsel über die Straße – er ist ohnehin schon viel zu spät und der Ärger mit der Lehrerin, den der Schüler erwartet, treibt ihn zu besonderer Eile. Der Autofahrer kann nicht mehr bremsen, ehe es zum Zusammenprall mit dem Kind kommt.

Aufprall und Bremsspuren decken auf, dass der Autofahrer mit 58 km/h fast mit der doppelten zulässigen Geschwindigkeit gefahren war.

Selbst wenn man nicht so spitzfindig sein möchte, zu sagen: „Wäre der Autofahrer langsamer gefahren, dann wäre es aus Gründen der zeitlichen Verschiebung der Vorgänge gar nicht zum Zusammenstoß gekommen", so muss man aber letzten

Endes so realistisch sein und feststellen, dass der Unfall nach Erfahrung aller Unfallauswertungen der Vergangenheit mit wesentlich geringerem Schadenseinfluss verlaufen wäre: Die Verletzungen des Kindes wären unverhältnismäßig geringer ausgefallen, hätte der Autofahrer in etwa eine Geschwindigkeit von erlaubten 30 km/h eingehalten.

Und hier ist es nun für die – berechtigte – Vorhaltung der **124** groben Fahrlässigkeit nicht erforderlich, dass der Autofahrer die bewusste Abwägung der Gefahr in dem fraglichen Moment getroffen hat, sondern es reicht, dass er, weil er ein Kraftfahrzeug führt, sich die mit der Nutzung eines Kraftfahrzeugs einher gehenden Gefahren nicht nur für sich selbst, sondern insbesondere für Dritte, für Unbeteiligte vor Augen führen muss!

Im Palandt (§ 276, Rn. 16) wird zur an den Gesetzeswortlaut angelehnten „erforderlichen Sorgfalt" w. f. aufgeklärt: *„Sie [die erforderliche Sorgfalt] entspricht nicht notwendig der üblichen [Sorgfalt]."* Genau dieser Umstand führt zu der im Gesetz häufig genutzten Bewusstseinsunterstellung: „hätte tun oder hätte wissen müssen".

Bleiben wir, weil es recht griffig ist, noch ein wenig beim Thema des Kraftverkehrs. Denn hieran lässt sich sehr gut eine Unterscheidung erklären, die sich zwischen dem Zivilrecht (BGB) und dem Strafrecht (StGB) im Umgang mit Fragen der Vorsätzlichkeit oder der Fahrlässigkeit zeigt.

Wäre der Autofahrer in der Gefahrenzone nur 30 km/h gefahren, so würde der Autofahrer aber dennoch auf der Grundlage der Gefährdungshaftung in die Leistungspflicht genommen. Wäre er also auch schuldig im Sinne des Strafgesetzbuches?

Klares NEIN. Malen wir uns die Fallvariation einmal aus:

Der Autofahrer fährt ruhig mit den vorgeschriebenen 30 km/h durch die 150 **126** m lange Gefahrenzone. Als das kleine, 6-jährige Kind unvorhersehbar zwischen parkenden Autos hervorschießt und blindlings über die Verkehrsinsel hinweg rennt – ohne die Verkehrsinsel zu nutzen, um den Verkehr auf der Straße noch einmal zu prüfen – da tritt der Autofahrer zwar mit der größtmöglichen Aufmerksamkeit und der kürzest möglichen Reaktionszeit auf die Bremse, erfasst das Kind aber wegen der extrem kurzen Distanz auf dieser schmalen Straße mit kaum weiter verminderter Geschwindigkeit. Der Aufprall von knapp unter 30 km/h verletzt das Kind aber letztlich nur mäßig.

Palandt (§ 276, Rn. 16) legt dar: *„Abweichend vom Strafrecht* **127** *gilt im BGB kein individueller, sondern ein [...] objektiv-abstrakter Sorgfaltsmaßstab."*

Für die zuletzt angenommene Fallvariation kann man davon ausgehen, dass der Autofahrer strafrechtlich schuldfrei ausgeht (der Autofahrer hat die gebotene Vorsicht walten lassen, konnte aber auf die tatsächlich eintretende Gefahr nicht mehr abwendend eingehen), aber ist zivilrechtlich auf der Grundlage der Gefährdungshaftung dennoch leistungspflichtig wegen des eigenen (eigener Pkw) und des fremden Schadens (Genesung des Kindes etc.).

**128** Weshalb arbeiten Zivilrecht und Strafrecht mit z. T. unterschiedlichen Rechtsfolgen zu den gleichen Rechtsproblemen, als da wären z. B. Fahrlässigkeit, Schuld, Sorgfaltspflicht? Grund dafür ist, dass mit dem Zivilrecht verlässliche Grundlagen für den Geschäftsverkehr der Bürger geschaffen werden – dazu gehört auch, einem Vertragspartner oder Konfliktgegner eine erforderliche Kenntnis, Erfahrung und Umsichtigkeit zu unterstellen, die für den Vertragsschluss erforderlich und unterstellbar sind – oder im Konfliktfall zumindest selbstredend unterstellt werden *können*.

**129** ABER: § 104 BGB: *„Geschäftsunfähig ist: 1. wer nicht das siebente Lebensjahr vollendet hat, 2. wer sich in einem die freie Willensbildung ausschließenden Zustand krankhafter Störung der Geistesfähigkeit befindet, sofern nicht der Zustand seiner Natur nach ein vorübergehender ist.“*
D. h. dass der Schutz eines Geschäftsunfähigen – vor ihm nicht zumutbaren Verpflichtungen (!) – höher steht als der Schutz des ordentlichen Rechtsverkehrs. Hierzu Palandt (§ 276, Rn. 16): *„Die Regeln über die Geschäftsfähigkeit sind zwingend. Der gute Glaube an die Geschäftsfähigkeit [eines Vertragspartners] wird nicht geschützt.“*
Und was hat es zu bedeuten, wenn es heißt „sofern nicht der Zustand seiner Natur nach ein vorübergehender ist"? Ganz einfach: Man kann sich nicht betrinken, um später auf Geschäftsunfähigkeit abzustellen und damit einem Vertragsschluss auszuweichen, den man als nachteilig empfindet. Oder: Der Autofahrer kann sich nicht darauf berufen, nicht mehr in der Lage gewesen zu sein, selbst zu ermessen, ob er sein Fahrzeug noch führen könne – und damit auf Schuldunfähigkeit pochen, wenn er einen Fremden durch Unfall verletzt hat.

**130** Das *Zivilrecht* regelt weiterhin die Feinheiten für eine Chancengleichheit eines jeden Bürgers: Hat jemand einen Schaden erlitten, der ihm nicht zuzuschreiben ist, so soll der Verursacher den Schaden begleichen. Hat der andere durch diesen Schaden auch noch einen weitergehenden Nachteil erlitten, als unmittelbar den Schaden selbst, so soll der Verursacher auch diesen (unmittelbaren oder auch nur künftigen) Schadensnachteil ausgleichen. – Ein häufiger künftiger Schadensnachteil z. B. ist die Berufsunfähigkeit, so dass dauernde Renten fällig werden, die ausgleichen sollen, dass jemand seinem eigentlichen Beruf nicht mehr nachkommen und sich damit auch nicht entsprechend beruflich weiter entwickeln kann.

**131** Das *Strafrecht* jedoch greift korrigierend ein, wenn die Sozialordnung der Gesellschaft gestört oder gefährdet wird! Eine Störung der Sozialordnung ist aber beim Betrieb eines Kraftfahrzeugs nur dann zu unterstellen, wenn der Fahrer eines Pkw in unverhältnismäßiger Weise die als üblich und notwendig angesehene Vorsicht nicht walten lässt, um die Gefährdung Dritter möglichst auszuschließen. Andernfalls also, wenn er die nötige Vorsicht hat walten lassen, wird auch der Autofahrer strafrechtlich nicht belangt, weil er nicht verwerflich gehandelt hat – sondern es greift nur zivilrechtlich die Gefährdungshaftung.

Zur *Gefährdungshaftung* erläutert Palandt (Einführung **132** zu § 823, Rn. 6), dass derjenige für den Schaden eines Dritten aufzukommen hat, der durch seine Handlung einerseits für sich persönlich einen Vorteil bezieht, andererseits dadurch andere Personen einer Gefährdung aussetzt, der sich diese Personen aber nicht entziehen können (z. B. weil sie sie nicht vorhersehen können, oder – z. B. bei Bergbauschäden – weil sie sich trotz bedingter Vorhersehbarkeit der Gefahr nicht entziehen können).

Hier abschließend noch einmal zusammen gefasst:

Wer mit *Vorsatz* handelt, beabsichtigt eine mehr oder minder klar **133** definierbare Folge seines Handelns.

*Fahrlässigkeit* als Oberbegriff bedeutet die Vernachlässigung der üb- **134** lichen Umsicht.

Meistens wird aber unterschieden zwischen zwei Graden der Fahrlässigkeit:

• *Grobe Fahrlässigkeit* bedeutet die Inkaufnahme einer mehr oder minder bekannten Gefahr. Wer unter grober Fahrlässigkeit handelt, nimmt eine mehr oder minder klar definierbare, negative Folge seines Handelns in Kauf. Sie wird in ihrer rechtlichen Auswirkung regelmäßig dem Vorsatz gleichgesetzt.

• *Leichte Fahrlässigkeit* bedeutet die entschuldbare Vernachlässigung der an sich gebotenen Vorsicht.

Während im Strafrecht nach individueller Schuld gesucht wird, wird **135** im *Zivilrecht* die Verantwortung für einen bestimmten Sachverhalt ermittelt und danach die Leistungspflicht zugeschrieben. Bei der Suche nach der *Verantwortlichkeit* werden nicht individuelle Kriterien zugrunde gelegt, sondern die Kriterien der so genannt „verkehrsüblichen Sorgfalt".

Eine *Schuldhaftigkeit* im strafrechtlichen Sinne wird im Falle von **136** grober Fahrlässigkeit bejaht; die leichte Fahrlässigkeit wirkt schuldentlastend. Im *Strafrecht* werden sehr wohl individuelle Kriterien geprüft, um die individuelle Verantwortung im Sinne der persönlich zuzuschreibenden Schuld zu benennen.

# Von der Strafbarkeit der Untätigkeit

## § 13 StGB zur Unterlassung

Weshalb erwähne ich für den Sicherheitsdienst die Unterlassung?

Nun, selbst in der geregelten Situation der Sicherheitsdienstleistung kann der Fall des schuldhaften Unterlassens (der Gefahrabwendung z. B.) eintreten, und dieses mit der ganzen Palette, von Vorsatz über grobe bis hin zur leichten Fahrlässigkeit...

### Ein Fallbeispiel aus dem Bereich des Werkschutzes:

**137** Der Werkschützer Bert Neuimfeld kommt von seinem großen Rundgang zurück. Sein Kollege Franz Frisch reicht ihm einen frisch gebrühten Kaffee: „Und? Was Besonderes?" „Ne. Nix Besonderes", ist Neuimfeld genauso knapp und schlürft an dem heißen Kaffee. „Mhm, ja. Da hinten hatte ich mal irgendwie Brandgeruch gerochen. Aber war nix." Frisch stutzt: „Brandgeruch? Wo denn?" „Ja, da bei der alten Scheune." Frisch wird ungeduldig und barsch: „Wo kam der Geruch her? Bist Du dem nachgegangen? Was heißt das: War nix!?" „Ja", motzt Neuimfeld zurück, „das heißt, es war nichts Besonderes damit. Es stinkt halt schon mal in dieser Welt. Nicht wahr? Vielleicht saß einer gemütlich am Kaminfeuer und es ist rüber gezogen. – Und Du machst hier Panik!"

Frisch platzt der Kragen: „Du weißt genau, dass die alte Scheune bis zur Halskrause voll ist mit Gummireifen!! Also: Was ist da nun gewesen!? Hast Du es überprüft oder nicht?" „Ich sag doch, es war nix!!" faucht Neuimfeld zurück. Da kracht Frischs Faust auf die Platte: „Willi hat Dir vorgestern gesagt, dass es da Probleme mit der Brandmeldelinie gibt! HAST Du es überprüft? Oder hast Du NICHT?" „Probleme mit der Brandmeldelinie...", mault Neuimfeld verächtlich, „da sollten wohl die Techniker ihren Job mal ordentlich machen. Aber am Ende willst Du MIR jetzt irgendwas in die Schuhe schieben!" „Wann hast Du das bemerkt? Wie herum bis Du die Runde gegangen?" hakt Frisch nach. „Ja, ich hab heute mit G angefangen.'ne Stunde? Oder drei Viertel?"

„Und weshalb", faucht Frisch, „hast Du Dich nicht wenigstens mal über Funk gemeldet? Wozu schleppst Du denn die Funke mit Dir herum? Was hast Du denn über Kommunikation gelernt?" „Was ist dabei, wenn sonst woher Brandgeruch rüberweht?" hält Neuimfeld lautstark entgegen – und äfft dann mit hoher Stimme: „Bert an Fritz: Die Ampelanlage an der großen Kreuzung hinterm Gelände ist jetzt für die Hauptstraße auf Rot gegangen..."

Da greift Frisch sich eine Stabtaschenlampe, raunt Neuimfeld zu: „... darüber reden wir später noch!" und läuft eilends aus der Wachzentrale hinaus. Als er an der alten Scheune ankommt, quellen dicke schwere Wolken aus dem Dach und an den Fenstern und Türen hervor. Er läuft zum nächst gelegenen Druckknopfmelder und löst damit Vollalarm aus. Als die Feuerwehr wenige Minuten später eintrifft, schlagen die Flammen bereits lichterloh aus dem Dachstuhl.

Eine ausführliche Fallbesprechung unter juristischen Aspekten will ich gar nicht anstoßen. Das ist an dieser Stelle nicht erforderlich, sondern führte nur zu weit.

Aber ein paar Eckpunkte will ich auch hier einmal abklopfen:

– Neuimfeld wird zweifelsohne die Positiv-Unterstellung entgegen gehalten: Der Werkschützer weiß, was er tut – andernfalls er die Verantwortung für fremdes Gut nicht übernehmen kann (siehe § 34a GewO);

– Neuimfeld hat den Hinweis auf ein außerordentliches Ereignis wahrgenommen (Brandgeruch);

– Neuimfeld hat *nicht* nachhaltig und intensiv die Auffälligkeit überprüft (er weicht einer konkreten Frage aus, so dass man zunächst unterstellen muss, dass er eine gründliche Überprüfung vernachlässigt hat);

– Neuimfeld hat im verbliebenen Zweifel keinen anderen Kollegen hinzu gezogen, um die eigene Meinungsbildung zu überprüfen (kein Funkkontakt, keine Meldung);

– Neuimfeld hätte gerade an dieser Stelle aufmerksam werden müssen, nachdem er zwei Tage zuvor darüber in Kenntnis gesetzt worden war, dass die automatische Brandmeldeanlage hier ggf. nicht anschlägt (Probleme mit der Brandmeldelinie).

Man kann hier nur eine Verletzung der **Sorgfaltspflichten** **138** feststellen. Zusätzlich zur Verletzung vertraglicher Pflichten handelt es sich hier um eine Unterlassung. Denn wenn nicht Neuimfeld eine genaue Überprüfung des Festgestellten (Brandgeruch) unterlassen hätte – wenn er den Zweifel, der ihn sehr wohl plagte, nicht so leichtfertig abgetan hätte (wohl vom Winde herüber geweht), dann wäre das Ereignis deutlich kleiner ausgefallen, der Brand wahrscheinlich sogar noch im Schwelen löschbar gewesen, statt dass die ganze Scheune nieder brennt. Ursächlich hängen Unterlassen und der im Gesetzestext so genannte „Erfolg" hier zusammen.

Sehen wir uns den § 13 StGB genauer an. **139**

**Was bedeutet das:** *„Wer es unterlässt, einen Erfolg abzuwenden, [...] ist [...] nur dann strafbar, wenn er rechtlich dafür einzustehen hat, dass der Erfolg nicht eintritt [...]"*?

Ich möchte die Gesetzesformulierung weder kritisieren noch diskutieren, denn es hat seine wohl erwogenen Gründe, dass formuliert wird: „.... nur dann strafbar, wenn..." Aber zur Verdeutlichung der Aussage will ich dennoch einmal genau von der anderen Seite her formulieren:

– Wer ein Ereignis, das Tatbestandsmerkmalen des StGB entspricht, nicht verhindert, wird dann strafrechtlich zur Verantwortung gezogen, wenn er nach verständiger Abwägung der Umstände das Ereignis hätte verhindern können. –

„Nach verständiger Abwägung der Umstände", das muss man **140** nun berücksichtigen, bedeutet z. B., dass eine **Selbstgefährdung** dann **nicht verlangt** wird, wenn sie lebensbedrohlich oder gesundheitsgefährdend ist.

**1.** Leben geht immer vor Sachwert!

**2.** Dem potenziell Helfenden wird zugestanden, das eigene Leben und die Unversehrtheit des eigenen Lebens höher zu stellen als fremdes Leben. Folglich ist die unterlassene Hilfeleistung nicht immer gesetzeswidrig, muss aber nachvollziehbar sein!

In der Folge sähe das, kurz angeschnitten, so aus:

**141** – Frisch hat kein Zeugnisverweigerungsrecht (§§ 52, 53, 55 StPO). Insbesondere vor diesem Hintergrund würde er sich sogar selbst belasten, wenn unklar bliebe, weshalb ausgerechnet er das Feuer entdeckt und gemeldet hat, obgleich sein Kollege für den Rundgang im Wachbuch eingetragen ist.

– Neuimfeld wird sich zu rechtfertigen haben, weshalb er weder dem Verdachtsmoment nachgegangen ist, noch eine Weiterleitung des Verdachtsmoments geleistet hat.

Weiterhin ergäben sich neben möglichen strafrechtlichen Konsequenzen auch zivilrechtliche Folgen:

**142** – Der Sicherheitsunternehmer steht in der Haftungspflicht ggü. dem Auftraggeber; Schadensersatzleistungen sind in Ansehung des vermeidbaren Schadensausmaßes unausweichlich: Der Versicherer des Auftraggebers hat ein berechtigtes Interesse daran, seinen Leistungsumfang auf jenen Schaden zu begrenzen, der bei rechtzeitiger Entdeckung eines Schwelbrandes unvermeidbar gewesen wäre.

**143** – Der Sicherheitsunternehmer kann wiederum Schadensersatz von seinem Arbeitnehmer Neuimfeld verlangen, wenn dieser zumindest grob fahrlässig oder leichtfertig seine Pflichten vernachlässigt hat. Sofern der Sicherheitsunternehmer eine Haftpflichtversicherung mit hinreichender Deckung vorweisen kann, wird diese den Schadensfall abfedern, sich aber zur Entlastung dennoch an Neuimfeld mit Schadensersatzforderungen richten, wenn dieser vorsätzlich oder grob fahrlässig gehandelt hat.

– Nach Fallkonstellation kann dem Neuimfeld sicherlich keine Vorsätzlichkeit, wohl aber grobe Fahrlässigkeit unterstellt werden.

**Abschließend möchte ich in diesem Zusammenhang nur zwei Faustregeln mit auf den Weg geben:**

1. „Lieber einmal zu viel, als einmal zu wenig schauen!" – Ein Leitspruch, mit dem schon zum Eigenschutz die kindliche Verkehrserziehung beginnt. Ein Leitsatz, der nicht erst greift, wenn das eigene Leben gefährdet ist.

2. „Melden macht frei!" – Ein Leitsatz, der im Militärbereich geläufig ist, aber überall dort auch gilt, wo die persönlichen Haftungskompetenzen oder Haftungsfähigkeiten überfordert sind.

# Treu und Glauben

Ich möchte die Leistung nach „Treu und Glauben" gemäß § 242 BGB nur kurz anreißen.

*„Die Rechtsprechung hat aus § 242 den allg. Grundsatz ent-* **144**
*wickelt, dass die gegen Treu und Glauben verstoßende Rechts-*
*ausübung unzulässig ist. Neben diesem Verbot der unzulässigen*
*Rechtsausübung ist der tatbestandlich eng gefasste § 226 weitge-*
*hend leer laufend."* (Palandt, § 226, Rn. 1)
Was heißt das? Einige Beispiele:

Für die Mitarbeiter gibt es den Zugang durch Drehkreuze zum Produktionsbe- **145**
trieb, der räumlich vom Pfortenbereich getrennt ist, in dem Sie eingesetzt sind.
Die Mitarbeiter entriegeln für den einmaligen Durchgang mit ihrem Mitarbeiter-
ausweis elektronisch das Drehkreuz.

Sie sind hier als Werkschützer eingesetzt und arbeiten im Pforten- und Emp-
fangsdienst. Sie sind per Dienstanweisung angewiesen, Mitarbeiter (gegen Vorlage
des Mitarbeiterausweises, damit Sie tagesaktuell die Beschäftigung überprüfen
können) dann durch die Pforte gehen zu lassen, wenn sie sperriges Zeug dabei
haben, mit dem sie nicht durch das Drehkreuz passen.

Als die Chefsekretärin mit zwei Taschen und einem ausladenen Blumenstrauß
(für wichtigen Besuch des Tages) zu Ihnen in die Pforte kommt und um Durchlass bittet, gehen Sie gemäß Dienstanweisung darauf ein. Als drei Minuten später
ein Mitarbeiter der Verpackung, der afrikanischer Herkunft ist, mit einem sper-
rigen Pappkarton in der Hand auf Sie zu kommt, er sein sperriges Gepäck damit
begründet, dass er den Kollegen Kaffee und Kuchen wegen seines Geburtstages
ausgeben möchte, und Sie um Durchlass bittet, da verweisen Sie ihn streng auf
das Drehkreuz und schicken ihn wieder fort. Er scheut den weiteren Konflikt
und versucht, durch das Drehkreuz zu gelangen; dabei rutscht ihm der Karton
aus den Händen, der zu Boden fällt und im Drehkreuz gequetscht wird. Es gehen
einige Dinge zu Bruch, wofür er Schadenersatz von Ihnen verlangt.

Sie verstoßen nicht nur gegen die Dienstanweisung des Kunden, sondern auch gegen das Diskriminierungsverbot, das sich
aus Art. 3 Abs. 1 u. 3 GG unmittelbar herleitet. Nun steht zwar **146**
nicht ausdr. in der Dienstanweisung, dass Sie Mitarbeiter unabhängig von Herkunft, Volkszugehörigkeit oder Hautfarbe gleich
zu behandeln haben, aber § 242 BGB im Zusammenhang mit
den Grundrechten (hier Art. 3 GG) füllt diese Lücke auf. § 226
BGB braucht nicht mehr bemüht zu werden: Es muss gar nicht
mehr geklärt werden, ob Sie den Durchgang aus Gründen der
Schikane verweigert haben, denn § 242 BGB bietet bereits eine
Rechtsgrundlage gegen Sie.

Sie haben zu einem Jugend-Rockkonzert alle Besucher zu kontrollieren und **147**
alle Waffen oder als Waffe tauglichen Gegenstände abzunehmen. Dafür haben
Sie hinreichend kleine Schließfächer zur Verfügung. Die Besucher bekommen
ein Märkchen mit der Schließfachnummer mit, um sich später die Gegenstände
wieder abholen zu können.

Sie nehmen einem an sich unauffälligen Jugendlichen eine mittelschwere Kette
von ca. 60 cm, einen Dachdeckerhammer und ein Messer mit feststehender

Klinge ab, ehe Sie ihn zum Veranstaltungssaal durchlassen. Unmittelbar danach verweigern Sie einem anderen Jugendlichen, der vermutlich türkischer Herkunft ist, den Zutritt, nachdem Sie bei ihm ein Butterfly-Messer entdeckt haben.

**148** Wie zuvor (Rd.Nr. 146): § 242 BGB i. V. m. Art. 3 GG.

Unter Hinweis auf die zwei vorangegangenen Beispiele will ich noch erläuternd aus dem Palandt anfügen:

**149** *„Die Grundrechte betreffen das Verhältnis zwischen Bürger und öffentlicher Gewalt. [...] Die Grundrechte können nach ihrem Inhalt und Zweck und ihrer geschichtlichen Entwicklung auf das Verhältnis zwischen Privatpersonen nicht unmittelbar angewandt werden; die in ihnen enthaltenen Wertentscheidungen wirken über das „Medium" privater Normen und Rechtsgrundsätze auf das Privatrecht ein [...] Die Ausstrahlungswirkung der Grundrechte ist im Privatrecht bei der Gesetzesauslegung und Lückenausfüllung zu berücksichtigen."* (Palandt, § 242, Rn. 7)

Das erwähnte „Medium" privater Normen ist häufig eben dieser § 242 BGB, der mit „Treu und Glauben" unmittelbar auf das Werteverständnis innerhalb der Gesellschaft abstellt. Dieses Werteverständnis wiederum wird beschrieben u. a. in den Grundrechten, die das GG ausführt. Aber einige andere Paragrafen des BGB beziehen sich ebenfalls auf die Grundlage von „Treu und Glauben".

**150** Der Schichtleiter Hochnaaß, der mit Ihnen ohnehin eher auf „Kriegsfuß" steht, hatte auf einen vorgreifenden Hinweis Ihrerseits nicht reagiert. Später entsteht dadurch ein technischer Notfall, den gemäß Dienstanweisung zunächst Sie abzuarbeiten haben. Das kostet Sie 25 Minuten und ist mit abschließendem Schreibkram verbunden.

Als Hochnaaß seine Schicht beendet, da manipulieren Sie durch einen kleinen Trick den Zufallsgenerator, so dass das Gerät auf jeden Fall anschlagen wird und Herr Hochnaaß zur Kontrolle seiner Kleidung und seiner Taschen muss. Sie weisen Ihren Mitarbeiter zu besonderer Kontrolle an und geben vor, einen gegen Hochnaaß vage geäußerten Verdacht ausschließen zu wollen.

Durch eine entnervend pingelige Kontrolle kann Hochnaaß seinen Heimweg erst nach rund fünf Minuten antreten. Entsprechend verärgert stampft er grußlos fort.

Nun kann der Mitarbeiter einen Anspruch nicht unmittelbar gegen Sie durchsetzen: Die Personenkontrollen hat der Arbeitgeber angewiesen (und der Mitarbeiter im Rahmen seines Arbeitsvertrages anerkannt!), aber an ein Drittunternehmen zur Durchführung abgegeben. Und Sie verstoßen gegen den Dienstleistungsvertrag.

**151** Im Dienstleistungsvertrag zwischen dem Kundenunternehmen und dem Sicherheitsdienstleister wird sicherlich das Schikaneverbot nicht ausdrücklich erwähnt. Wenn nichts anderes vereinbart ist, dann gilt mindestens der gesetzliche Standard; § 242 BGB i. V. m. § 226 BGB schließt das Schikaneverbot in den Dienstleistungsvertrag mit ein: Der Auftraggeber kann „nach

Treu und Glauben" davon ausgehen, dass der Sicherheitsunternehmer das Schikaneverbot des Zivilrechts als Schutz der Mitarbeiter des Auftraggebers auch durchsetzt.

*„Die Orientierung an Treu und Glauben bedeutet, dass im* **152** *Zweifel ein Auslegungsergebnis anzustreben ist, das die berechtigten Belange beider Parteien angemessen berücksichtigt und mit den Anforderungen des redlichen Geschäftsverkehrs im Einklang steht",* so heißt es bei Palandt (§ 133, Rn. 20). § 242 BGB soll also im Wesentlichen Regelungslücken schließen, wo detaillierte Vereinbarungen zwischen den Vertragsparteien fehlen.

*„§ 242 ist Grundlage für Nebenpflichten verschiedenster Art. Er* **153** *ergänzt, soweit vertragliche Abreden und gesetzliche Sonderregelungen fehlen, das Pflichtenprogramm der Parteien. Auf ihm beruhen leistungsbezogene Nebenpflichten, aber auch die Pflicht zur gegenseitigen Rücksicht auf die Rechte, Rechtsgüter und Interessen des anderen Teils."* (Palandt § 242, Rn. 14)

Meistens fehlen genaue vertragliche Formulierungen da, wo es feste Gepflogenheiten gibt. Da also greifen nur schlüssig so genannt „Treu und Glauben". Palandt hierzu sehr griffig: *„Treue* **154** *bedeutet nach seinem Wortsinn eine auf Zuverlässigkeit, Aufrichtigkeit und Rücksichtnahme beruhende äußere und innere Haltung ggü. einem anderen; Glauben das Vertrauen auf eine solche Haltung. Die Wortverbindung «Treu und Glauben» [...] soll den in der Gemeinschaft herrschenden sozialethischen Wertvorstellungen Eingang in das Recht verschaffen. [...] Der Grundsatz von Treu und Glauben umfasst auch den Gedanken des Vertrauensschutzes".* (Palandt, § 242, Rn. 3)

**Ein Fallbeispiel, um diesen „Vertrauensschutz" zu klären:**
Sie sind abhängig beschäftigt. Als Zeichen der Anerkennung für gute Leistungen **155** verschafft Ihr Chef Ihnen für die CeBit eine Tageskarte – was dann natürlich eine „Profi-Karte" ist, mit der Unternehmer an besonderen Tagen auf der Messe Eintritt gewährt bekommen. Nicht ohne Stolz wg. dieser außerordentlichen Zutrittsmöglichkeit werfen Sie sich in Schale und nutzen einen solchen Tag, der nur für gewerbliche Besucher zugelassen ist, um sich mit weniger Rummel und Gedränge auf der CeBit über die neuesten Entwicklungen zu informieren.

Dort kommen Sie nun ins Gespräch mit einem Fachanbieter für Computersoft- und hardware an Ihrem Wohnort. Als Sie zwei Wochen später bei diesem Händler einen Drucker kaufen, bringen Sie auch nicht zum Ausdruck, dass Sie privater Endkunde sind, sondern genießen den besonderen Service, den der Händler Ihnen gewährt. Sie achten nicht weiter auf die Gewährleistungsklausel auf der Rechnung (das Kleingedruckte), die 1 Jahr Garantie ausweist.

Nach anderthalb Jahren versagt der Drucker Ihnen den Dienst. Siegessicher, den neuen Verbraucherschutz im Kopf (2 Jahre für Endverbraucher!), wollen Sie natürlich gratis Reparatur oder Ersatz.

Palandt verweist diesbzgl. auf eine Publikation des BGH **156** (Palandt, § 242, Rn. 56a –> BGH NJW 05, 1045), der klar den **Vertrauensschutz** über den Verbraucherschutz stellt: Es kann

nicht den höheren Garantieschutz zugunsten des privaten End-
kunden (2 Jahre Garantie des Verkäufers) für sich geltend machen, wer sich beim Kauf als Unternehmer ausgegeben hat. Und
der Händler gewährt regelmäßig und ganz legitim dem Unternehmer lediglich 1 Jahr Garantie (nicht zuletzt wg. einer unterstell-
ten höheren Nutzung durch den professionellen/gewerblichen
Anwender und entspr. höherem Verschleiß!).

# Schikaneverbot

Schikane ist, wenn der Zweck einer bestimmten Handlung **157** ausschließlich der ist, jemand anders einen Schaden zuzufügen, und wenn auch objektiv ausgeschlossen werden kann, dass derjenige, der die Handlung ausführt, damit überhaupt irgendeinen (rechtlichen) Vorteil gewinnen kann. (Palandt, § 226, Rn. 2 – in anderen Worten) – Der evtl. psychologische Vorteil der Genugtuung oder andere imaginäre Vorteile zählen also nicht und können eine bestimmte Handlung auch nicht rechtfertigen.

Und damit will ich noch ein paar Worte verlieren zum Schikaneverbot, zum § 226 BGB also, das ich aber nur kurz anreiße. Denn in der praktischen Auswirkung kommt das Schikaneverbot gar nicht so häufig zum Tragen für den Sicherheitsdienst, wie es zunächst den Anschein machen will!

Wie im vorang. Kapitel bereits deutlich geworden ist, greift **158** häufig eine Bewertung nach § 242 BGB. Wenn Sie dann aber gleich lesen, dass die Anwendung des § 242 BGB an dem fehlenden Vertragsverhältnis zwischen beiden Parteien scheitern kann, dann werden Sie vielleicht fragen: „Und welches Vertragsverhältnis stand bindend zwischen dem Sicherheitsmitarbeiter und dem türkischstämmigen Jugendlichen?" (siehe vorang. Kapitel „Treu und Glauben") Streng genommen gar keines, denn ein Vertrag ist ja gescheitert.

Der türkische Jugendliche kann seinen Anspruch auf Eintritt zu dem Konzert gegen den Veranstalter richten (§ 242 BGB i. V. m. Art. 3 Abs. 1 u. 3 GG): Wenn der Veranstalter nicht die Adressaten legitim eingrenzt – z. B. „Zutritt nur für Mitglieder des »Vereins der Freunde deutschsprachiger Volksmusik in Nordschleswig e. V.«" – oder in anderer Weise legitim den Zutritt einschränkt – z. B. indem er ausweist „Keine Abendkasse! Karten NUR im Vorverkauf!"– dann hat er keinen Grund, den jungen Türken nicht einzulassen. Der Sicherheitsmitarbeiter verletzt seine Pflichten aus dem Dienstvertrag mit dem Auftraggeber: Der Sicherheitsmitarbeiter hat die Aufgaben so zu erfüllen, wie es der Auftraggeber selbst täte oder tun müsste!

Der Sicherheitsmitarbeiter ist in den Fallbeispielen Mittelsmann des Auftraggebers. Der Auftraggeber lässt bestimmte seiner Pflichten durch den Sicherheitsdienstleister bzw. dessen Sicherheitsmitarb. erfüllen. (Besitzdienerschaft und Dienstverhältnis bespreche ich an anderer Stelle.)

Nachdem ich in dem vorang. Kapitel „Treu und Glauben" bereits ein Beispiel für Schikane aus dem Bereich des Werkschutzes gegeben hatte, hier noch drei Beispiele aus der Praxis, die im Palandt unter vielen anderen aufführt werden – und die eines gewissen Stilblütencharakters nicht entbehren!

*„Die Rechtsausübung verstößt gegen § 226"* (Palandt, § 226 Rn. 3),

**159** • *„wenn die Witwe der Schwiegermutter verbietet, Blumen an der Grabstelle des Mannes* (bzw. des Sohnes der Schwiegermutter) *niederzulegen"*: Es fehlt ein Rechts- oder Vertragsverhältnis zwischen beiden – selbst indirekt ist über § 242 BGB keine Brücke zwischen beiden zu schlagen.

**160** • *„wenn der Eigentümer, der der Allgemeinheit die Benutzung eines Grundstücksteils als Weg gestattet, einen Einzelnen hiervon ohne triftigen Grund ausschließt"*: Es gibt keinen konkreten Vertrag zwischen Einzelpersonen und dem Grundstückseigentümer (sondern nur die pauschale Einräumung der Duldung ggü. der Allgemeinheit, z. B. durch ein deklaratives Schild am Weg oder durch Erklärung ggü. der Gemeinde), so dass die betreffende Einzelperson ein Recht nicht aus § 242 BGB ableiten konnte;

**161** • *„wenn wegen 2,10 DM Zinsen die Abgabe der eidesstattlichen Versicherung verlangt wird"*: Die Prozessfolge der eidesstattlichen Versicherung* überschreitet den unmittelbaren Rahmen des Vertragsverhältnisses zwischen Kontoinhaber und Bank; deshalb wird der § 226 bemüht.

Spätestens wenn ein wie auch immer geartetes, konkretes Rechtsverhältnis zwischen zwei Parteien besteht, fehlt in der Rechtsprechung ganz offenbar die Notwendigkeit, das Schikaneverbot nach § 226 überhaupt noch zu bemühen, weil die Ausstrahlung des § 242 zur Leistung nach Treu und Glauben als Grenzziehung für Rechte und Pflichten der Vertragsparteien ausreicht.

**162** Palandt führt hierzu aus: *„ Rechtsprechung und Lehre haben aus § 242 den das gesamte Rechtsleben beherrschenden Grundsatz entnommen, dass jedermann in Ausübung seiner Rechte und Erfüllung seiner Pflichten nach Treu und Glauben zu handeln hat"* (und bezieht sich dabei auf Publikationen des BGH und des BAG). Weiter erläutert Palandt für den Bereich des Privatrechts: *„Die Grundsätze des § 242 gelten für das gesamte Schuldrecht [...]; viele schuldrechtliche Vorschriften sind Ausprägungen des § 242 [...]. § 242 gilt darüber hinaus für das gesamte Privatrecht innerhalb und außerhalb des BGB [...], so im Sachenrecht [...], im Familienrechts [...], im Erbrecht [...], im Arbeitsrecht [...], im gewerblichen Rechtsschutz [...] und im Versicherungsrecht [...]."* (Palandt, § 242 Rn.1 u. 16)

Aufgrund des Vertragsverhältnisses – wenngleich der Sicherheitsmitarb. nicht schikanös handeln darf – wird das gesetzliche Schikaneverbot nach § 226 BGB für den Sicherheitsdienstleister kaum je zum Tragen kommen.

---

* *früher der so genannte „Offenbarungseid", der sich begrifflich bis heute im Volksmund gehalten hat*

# Exkurs zur juristischen Person

Mit § 104 BGB zur Geschäftsunfähigkeit habe ich einen Aspekt angeschnitten, nämlich den der Personenbezogenheit der Geschäftsfähigkeit. Geschäftsfähigkeit bedeutet die Fähigkeit, Verträge zu schließen, Rechtsverhältnisse einzugehen, Rechte zu besitzen, aber auch Verpflichtungen einzugehen.

Womit ich noch einmal auf die **163** Tiere zurückkommen möchte. Heute also heißt es in § 90a BGB: „Tiere sind keine Sachen" – und werden dennoch den Sachen juristisch gleich gestellt.

Wer wollte behaupten, dass ein Hund nicht einen klaren Willen bekunden könne. Wer wollte bestreiten, dass eine Katze praktisch stetig ihren Willen auslebt. Und wer wollte bestreiten, dass selbst der alte Kutschengaul seinen Willen deutlich bekunden konnte – etwa, wenn er stoisch stehen blieb, weil er einfach nicht mehr konnte.

Wenn die Gesetzgebung nun also schon so weit ist, hervor zu heben, dass Tiere keine Sachen seien, so könnten Tiere in einem nächsten Schritt möglicherweise auch zumindest in der Weise als rechtsfähig eingestuft werden, als sie in die Lage versetzt werden, Rechte zu erwerben! Das wäre – nicht nur aus einem gewandelten moralischen Verständnis der Gesellschaft heraus, sondern auch logisch von daher, dass sie längst durch bestimmte Gesetze Schutzrechte genießen – durchaus konsequent.

Wenn Sie sich einmal vor Augen führen, dass Kinder zwar nicht voll rechtsfähig sind, dann wird auch leicht erkennbar, dass Tieren ohne juristische Akrobatik eine ähnliche Rechtsstellung eingeräumt werden könnte: Kinder können keine oder nur **164** beschränkt Verpflichtungen eingehen, aber unbeschränkt Rechte erwerben (siehe §§ 107 und 110 BGB – letzterer auch als „Taschengeldparagraph bezeichnet).

Weitere Hinweise zur rechtlichen Stellung des Kindes im Zivilrecht:

• Kinder unter sieben Jahren **165** z. B. können zwar einen Lutscher kaufen, aber keine DVD. Kauft ein solches Kind dennoch eine DVD, so steht der Kaufvertrag unter dem Unwirksamkeitsvorbehalt des § 107 BGB, nämlich wenn die Eltern dem Kauf widersprechen!

• Kinder können Rechte als **166** einseitige Begünstigungen immer erwerben (§ 107 BGB)! Die einseitige Begünstigung aber ist bedingungslos und verpflichtungsfrei – und somit bitte nicht zu verwechseln mit der Schenkung!

Der achtjährige Philipp hat an einem **167** Preisausschreiben Teil genommen und gewinnt 10.000 Euro: einseitige Begünstigung.

Opa verspricht der 13-jährigen **168** Alexa-Sandra, ihr bis zum Abitur monatlich 120 Euro auf ein Konto zu überweisen, damit sie sich davon eine gute Schulbildung finanzieren kann; die Bedingung des Opas ist aber, dass Alexa-Sandra auch wirklich das Abitur macht: Schenkung, die abhängig von der Annahme ist.

• Kinder können auch Geschen- **169** ke ggf. nicht ohne Einwilligung der Erziehungsberechtigten erwerben, nämlich wenn mit dem Geschenk Verpflichtungen verbunden sind (übrigens ist auch der Vollzug der *Schenkung* ein *gegenseitiger Vertrag, abhängig von Angebot und Annahme*!). Der Tischtennisschläger kann unbedenklich geschenkt werden, wenn z. B. daran keine Vereinsmitgliedschaft gebunden ist; ein Hund kann nur mit Einwilligung der Eltern geschenkt werden.

**170** • Kinder können nicht uneingeschränkt erben, weil eine Erbschaft auch Verpflichtungen beinhalten kann: Eine überschaubare Geldsumme bleibt unproblematisch, das Erbe eines Hauses (Unterhalts- und Abgabepflichten) oder eines Gewerbebetriebes (Arbeitgeberpflichten etc.) aber bringt Dauerverpflichtungen mit sich, so dass die Annahme der Erbschaft aufgeschoben wird bis zur Volljährigkeit (derweil wird der Nachlass öffentlich bestellt verwaltet).

**171** • Kinder besitzten als natürliche Personen uneingeschränkt alle Grundrechte!

**172** Bzgl. gegenseitig verpflichtender Vertragsabschlüsse ist aus heutiger Sicht nicht erkennbar, dass es im zivilrechtlichen bzw. vertragsrechtlichen Verständnis irgendwie sinnvoll sein könnte, Tieren eine Rechtspersönlichkeit einzuräumen. Ich möchte also leise mit den Autoren schmunzeln, wenn sie im Palandt den § 90a BGB „im Ergebnis [...] eine gefühlige Deklamation ohne wirklichen rechtlichen Inhalt" nennen. Eine Geringschätzung Tieren ggü. beinhaltet das nicht:

Sätze 1 u. 2 des § 90a BGB („*Tiere sind keine Sachen. Sie werden durch besondere Gesetze geschützt.*") lesen sich eher wie eine Grundrechtserklärung – was hat diese Erklärung im Gesetzbuch des privaten Rechts zu suchen? Satz 3 ist sinnvoll weil klärend: „*Auf sie* [die Tiere] *sind die für Sachen geltenden Vorschriften entspr. anzuwenden* [...]."

Kurz: Ein Tier muss keine Verträge schließen können, ein Kind durchaus, insb. mit Blick auf dessen Zukunft.

**173** Rechtsverhältnisse einzugehen – d. h. Willenserklärungen abzugeben: Seinen Willen bekunden und auf diese Weise Verträge schließen – erfordert eine Subjektivität, eine Personalität. Eine Sache kann keinen Willen äußern (einschränkend für Tiere siehe vorherigen Einschub).

Im Geschäftsverkehr notwendig ist der Rechtsverkehr (also der vertragliche Austausch) mit Personen, Personengruppen und insbesondere mit Personengruppen, deren Mitglieder zwar wechseln, aber deren Auftreten nach außen hin als Gruppe identisch bleibt. Subjektivität oder Personalität kann man einer solchen Gruppe nicht nachsagen, wie es für die Einzelperson gilt. Also musste eine Fiktion her.

**174** Hier sei nur als kurzer Hinweis angeführt, dass eine juristische Person eine gesetzliche Fiktion ist (§§ 21 ff BGB), die es ermöglicht, dass im weitesten Sinne eine Institution auch Rechte erlangen und Pflichten übernehmen kann. Eine solche Institution kann ein Verein sein, aber auch ein Unternehmen, soweit es Gesellschaftscharakter hat (auch eine Ein-Mann-GmbH ist eine solche Gesellschaft, und zwar wiederum auf der Grundlage einer rechtlichen, einer juristischen Fiktion). Der Fiktionscharakter der juristischen Person ist nur in der akademischen Auseinandersetzung strittig, die rein sportlichen Charakter besitzt. Griffig gibt Palandt einen anderen Kom-**175**mentar wieder: „*Die juristische Person ist eine Zweckschöpfung des Gesetzgebers. Sie ist die Zusammenfassung von Personen oder Sachen zu einer rechtlich geregelten Organisation, der die Rechtsordnung Rechtsfä-*

*higkeit verliehen und dadurch als Träger eigener Rechte und Pflichten verselbstständigt hat (siehe Raiser AcP 199, 104)."* (Einführung von § 21, Rn. 1)

Eine „juristische Person" ist **176** also eine gesetzliche Fiktion, die einem ideellen Verband oder einer ideellen Konstruktion eine Rechtspersönlichkeit verschafft.

Die juristische Person erlangt zwar nicht die volle Rechtsfähigkeit wie die natürliche Person. Aber *„als Grundsatz ist vielmehr davon auszugehen, dass der juristischen Person alle Rechte und Rechtsstellungen offenstehen, soweit diese nicht die menschliche Natur ihres Trägers voraussetzen (Soergel/Hadding Rn 22)"* (Palandt, Einführung v. § 21, Rn. 8).

Beispiele juristischer Personen sind
• im öffentlichen Recht der **177** Bund, die Länder, die Gemeinden, Kreise, Städte, Gemeinden; aber auch die religiösen Gemeinschaften;
• im privaten Recht Vereine, Gesellschaften, Genossenschaften, Stiftungen...

Möglicherweise, falls Sie abhängig beschäftigt sind, ist Ihr Arbeitgeber eine GmbH oder eine Aktiengesellschaft, so dass Sie einen Vertrag mit einer juristischen Person eingegangen sind.

# Exkurs zum deutschen Strafrecht

Dereinst war jegliche Strafvollziehung einer Gesellschaft ganz einfach darauf angelegt, durch die Androhung einer vielleicht völlig überzeichneten Strafe von der den Anliegen der Gesellschaft entgegen wirkenden Tat abzuschrecken. Heute ist das im Grundansatz eigentlich noch immer nicht anders – oder wäre sonst die Rede von einer Straf-„Androhung" des Strafrechts?

Aber im Kern definiert sich ein modernes Strafsystem als Sozialisationsinstrument: Der Straffällige soll auf den rechten Weg zurück geführt werden. Das ist eine im Ansatz zunächst gute Absicht. Ob dafür wiederum sowohl die Gesetzgebung als auch die Rechtsprechung und schließlich die Mittel des Vollzugs insgesamt das geeignete Handwerkszeug bieten, sei einmal dahin gestellt. Jedenfalls hat eine große Reform des Strafrechts die Situation zumindest nicht günstig beeinflusst...

Ich will nicht am Anfang beginnen. Aber ich will mit einem als ursprünglich angesehenen Regelwerk beginnen, mit den 10 Geboten, und hier beispielhaft mit nur einem Gebot: „Du sollst nicht töten!"

**178** «Mdr.de/Kultur» veröffentlicht hierzu sehr interessant: *„Das hebräische «rasach» (= töten) meinte ursprünglich nur ungesetzliches, willkürliches Töten. Das Gebot schloss also das Töten im Krieg oder die durch die Gemeinschaft angeordnete Tötung, wie die Todesstrafe, aus. Später erweiterte sich die Bedeutung auf alles, was sich gegen menschliches Leben richtet."*

Daraus wird schließlich im deutschen Strafgesetzbuch

**179** der § 211 Abs. 1: *„Der Mörder wird mit lebenslanger Freiheitsstrafe bestraft."* (Kurzform: Du sollst nicht morden! – Die unerlaubten Formen der Tötung sind in weiteren Paragrafen behandelt.)

Abs. 2 beschreibt, welche Kriterien den Mord prägen: *„Mörder ist, wer*
- *aus Mordlust,*
- *zur Befriedigung des Geschlechtstriebs,*
- *aus Habgier oder*
- *sonst aus niedrigen Beweggründen,*
- *heimtückisch oder*
- *grausam oder*
- *mit gemeingefährlichen Mitteln oder*
- *um eine andere Straftat zu ermöglichen oder zu verdecken, einen Menschen tötet."*

**180** Ausdr. davon getrennt behandelt werden mit § 212 der Totschlag, mit § 213 der minderschwere Fall des Totschlags und mit § 222 die fahrlässigen Tötung (unvollständige Aufzählung zu den Tatbeständen des Tötens).

**181** Auch in tierischen Gesellschaften wird der Mord am Artgenossen nicht akzeptiert. So wurde tatsächlich von Tierfilmern folgendes festgehalten:

In einem Löwenrudel werden mehrfach jeweils nach Nächten getötete Jungtiere aufgefunden; und das, obwohl die letzte Übernahme des Rudels durch einen neuen Löwenbullen bereits längere Zeit zurück liegt: Die Tötungen der jüngsten Nachkommen durch den neuen Rudelführer waren längst abgeschlossen! Das bringt Unruhe in das Rudel; und tatsächlich entdecken die übrigen Löwinnen endlich, was auch den Tierfilmern festzuhalten gelingt: Nämlich dass eine der Löwinnen die Kindsmörderin ist, die im

Schutze der Nacht zuschlägt. Das Rudel schließt die Löwin aus, die ihrerseits aber wiederholt versucht, den Anschluss an das Rudel zu gewinnen, da das Rudel für einen Löwen notwendigerweise Lebenserhalt bedeutet. Das Rudel versteht es aber, die Ausgrenzung aufrecht zu erhalten.

Die Löwin würde ihr Überleben nur sichern können, wenn es ihr gelingt, sich diebisch über die Reste her zu machen, die sonst den Geiern und Hyänen bleiben, sowie wenn sie ergänzend die Jagd auf Kleingetier erlernt. Dennoch ist der Ausschluss aus der Gemeinschaft hier nicht Sanktion, sondern ausschließlich Selbstschutz!

**Soviel zunächst zur „Naturgemäßheit", das sozial schädigende Verhalten innerhalb einer Gesellschaft nicht zu dulden.**

**Aber erlauben Sie mir, zurück zu den menschlichen Gesellschaften, einen schnellen und groben Tiefflug durch die europäische Geschichte...**

Karl V. musste sich insbesondere in Norditalien immer wieder militärisch behaupten; aber auch auf deutschem Boden war seine Macht nicht selbstverständlich anerkannt. Nachdem Karl V. die Machtverhältnisse über Norditalien einigermaßen bereinigt hatte und das Verhältnis zum (unabhängigen) Kirchenstaat erst einmal sicher schien, kehrte der 1530 frisch vom Papst gekrönte Kaiser Karl V. in sein Reich nördlich der Alpen zurück – und fand es in Aufruhr vor.

In diese Zeit fiel auch das rege Streiten eines Martin Luther um die Reformation der katholischen Kirche. Als jedoch Bauernaufstände Land und Bestand in Chaos stürzten, sprach Luther sich für die weltlichen Machthaber aus, weil er die Notwendigkeit einer Ordnung anerkannt und das Land und Leute mit der drohenden Anarchie untergehen

fürchtete: Der Adel nahm das Zepter in die Hand – und ergriff auch die geistliche Führung. Die Abspaltung der reformatorischen Kirche, die sich vollzog, hatte keinesfalls Martin Luther betrieben, sondern die weltlichen Machthaber, die eine Abspaltung von der katholischen Kirche für sich selbst günstig einsetzen konnten.

Berührungsängste zwischen den Kirchen gab es keine, wenn es um die Macht ging: So koalierte das erzkatholische Bayern hemmungslos mit dem nordischen Bund, der sich längst vom katholischen Oberhaupt abgewandt hatte, ohne jedoch aus dem deutschen Reichsgefüge auszuscheren – um dann aber eine Annäherung an Frankreich zu bemühen und sich dem Kaiser des Reiches stärker entgegen stellen zu können.

Vor diesem Hintergrund der unsäglichen Zerstrittenheit innerhalb des „Heiligen Römischen Reiches Deutscher Nation" muss man wohl vermuten, dass der Durchgriff der 1532 von Kaiser Karl V. in Kraft gesetzten „Peinlichen Gerichtsordnung" nicht so einheitlich war, wie die (theoretisch) reichsweite Geltung vielleicht suggerierte. Vermutlich hatte die Einsetzung des allgemeingültigen Strafrechts für das Reich einen eher deklaratorischen Charakter, mit dem einmal mehr ein absoluter Machtanspruch auf das gesamte Reichsgebiet zum Ausdruck gebracht wurde.

**Interessanter ist die Erwähnung dieses Gesetzbuches, das zu seiner Zeit nach Umfang und (theoretischer) Reichweite beachtlich war, eher wegen der Ausgestaltung des Strafsystems. Es enthielt als Sanktionen überwiegend Todes- und körperliche Verstümmelungsstrafen. Deshalb auch hieß es „Peinliche Gerichtsordnung".**

182 183 184 185

Heute hat der Begriff der Peinlichkeit mit Schamgefühl und Tabutoleranz zu tun. Aber zum Verständnis des Vorgenannten muss man sich einmal vor Augen führen, was dieses Wort dereinst beschrieb.

**186** Aus dem Begriff der Peinigung heraus wissen wir heute noch, worum es schon damals ging: Nämlich um körperliche Misshandlung. Sei es nun aus Gründen der Abstrafung, oder um unter Folter eine bestimmte Aussage zu erzwingen. So war z. B. unter den katholischen Inquisitoren ein beliebtes Mittel der „Wahrheitsfindung" die so genannte „hochnotpeinliche Befragung". Um hier nur ein Beispiel anzudeuten (und damit soll die Verbildlichung reichen): Gern von der Inquisition gewählt im Rahmen der „hochnotpeinlichen" Befragung war das „Zwacken" mit glühenden Zangen...

**187** Ein so drastisches Durchgreifen gegen den Abweichler ist eher ein Zeichen von Schwäche des Staates bzw. der Gesellschaft ggü. dem Einzelnen. Ein System, das mit drakonischen Körperstrafen einschl. Verstümmelungen und einschl. körperlicher Züchtigung, ggf. auch mit Todesfolge, gegen einen Straftäter vorgeht, will an sich keinen konstruktiv eingegliederten Bürger, sondern lediglich störungsfreie Massen, die schweigsam, duldsam und widerstandsfrei der Herrschaft dienen. Ein solches Strafsystem ist die faktische Bankrotterklärung des Staates ggü. Bürgern, die an sich nichts mehr zu verlieren haben – außer ihrer Gliedmaßen oder ihres Lebens.
Möglicherweise entdeckte man schon sehr bald einige Nachteile in den Verstümmelungsstrafen. So macht die Verstümmelung den Gestraften erkennbar als jemanden,

der Gesetze und Regeln der Gesellschaft in einer bestimmten Weise verletzt hatte. Es *markiert* – und zwar einschl. der gesellschaftlichen Unterstellung der Unverbesserlichkeit: Wer einmal stiehlt, stiehlt immer. Um den so Gezeichneten konnte fortan jeder „einen Bogen machen".

Aber es enthielt auch die Beeinträchtigung der Produktivkraft des Betreffenden: Wenn er nicht zum Bettler wurde, weil er nicht einmal mehr hinreichend für den eigenen Lebensunterhalt sorgen konnte, so war seine Produktivität fortan zumindest stark eingeschränkt. Untergebene aus der arbeitenden Klasse auszustoßen, konnte langfristig gar nicht im Sinne der Herrschenden sein: Nicht nur der Erhalt der Dienstbarkeit, sondern auch der Erhalt der Dienstfähigkeit musste den Herrschenden ein Anliegen sein.

**188** Welche Gesinnungen und Einsichten schließlich auch immer überwogen haben mögen: Bereits ab dem 17. Jahrhundert, also nur drei bis vier Generationen nach Inkrafttreten Kaiser Karls V. „Peinlicher Gerichtsordnung", wurden Körperstrafen zunehmend durch Freiheitsstrafen ersetzt. Die zeitlich befristete Sanktion beinhaltete endlich die Möglichkeit, einen Straffälligen wieder in die Gesellschaft – sowohl als Sozialverband, als auch als Produktivsystem – einzubinden.

**189** 1813 in Bayern, 1851 in Preußen werden eigene Strafgesetzbücher in Kraft gesetzt (Jahresangaben nach Meyer's Lexikon) – was eine Regelungslücke andeutet: Hätte dereinst ein Strafgesetz, oder eine „Gerichtsordnung", reichsweite Gültigkeit erlangt oder behalten, so wäre eine Regelungslücke wohl nicht entstanden, die hiermit in Bayern und Preußen geschlossen wurde. Man muss verstehen, dass das Reich unter Kaiser Karl V. und auch die folgenden Reiche Deutscher Nation keinen staatlichen Zusammenhalt im heutigen Verständnis geboten hatten.

1861 wird Wilhelm I. König von Preußen, nachdem sein Bruder verstorben und damit der Thron frei geworden war. In weiten Zügen nimmt der ansich eher authoritäre König immer wieder den Rat des preußischen Ministerpräsidenten Bismarck an – und lässt sich von ihm politisch soweit liberalisieren, dass mit der Reichsgründung als parlamentarische Monarchie im Januar 1871 auch die Fundamente eines föderalistischen Staatsprinzips geschaffen sind. Zähne knirschend akzeptiert Wilhelm I. die Inthronierung zum Deutschen Kaiser – „unter" dem Reichskanzler Bismarck, wie Kaiser Wilhelm I. es selbst einmal ausgedrückt haben soll.

Mit dem 15.05.1871 erhielt **190** endlich das gesamte deutsche Reichsgebiet unter Kaiser Wilhelm I. ein einheitliches Strafgesetzbuch, auf das historisch betrachtet auch unser heutiges Strafgesetzbuch fußt. Nach der Läuterung der autoritären Reichsgesellschaft durch die Auswirkungen der nationalsozialistischen Diktatur hat das Sozialverständnis der Gesellschaft einige Modifikationen erlebt, die sich natürlich auch in der allmählichen Veränderung des Strafgesetzbuches niedergeschlagen haben. Ein Veränderungsprozess, der nicht nur zu Besserem führt, sondern auch zu einigen Verzerrungen.

Was veranlasst einen Staat eigentlich dazu, Gesetze zu erlassen, insbesondere aber ein Strafrecht zu pflegen? Gesellschaften benötigen **191** verlässliche Regeln, die von jedermann eingehalten werden. Andernfalls können Individuen ihr Leben nicht planen und gestalten, können also Individuen sich nicht gesellschaftsbildend zu einer Gemeinschaft zusammenfügen, kann also eine die individuellen Überlebenschancen verbessernde Gesellschaft gar nicht gebildet werden. – Genau hier aber ist auch längst vieles aus den Fugen geraten.

An der Unterkante tritt die stille Aufkündigung der gesellschaftlichen Verbundenheit eher menschlich abstrakt zu Tage (etwaige Umweltaspekte für das folgende Beispiel einmal völlig außer Acht gelassen):

Dem Anschein nach unterstell- **192** termaßen ein Student – einer schweren Schultertasche etwas entgegen gebeugt, die Ordner, Bücher und Laptop bergen könnte – zupft den Trinkhalm von einem Viertel-Liter-TetraPak. Dann knibbelt er die Folienverpackung des Trinkhalmes auf, zieht den Trinkhalm aus der Folie... und überlässt die Folienhülle dem leichten Wind. Die zwischen den Häusern böige Unentschlossenheit des Windes spielt mit der Folie, die in weiten Schwüngen auf und nieder wippt. Am Rocksaum einer Dame, die wartend dem roten Ampelsignal gehorcht, sucht die Folie zögerlich Anschluss und streicht dann kontaktfreudig an ihren Unterschenkeln hinab. Die mit dünnem Nylon bespannte Haut ist der Wahrnehmung unschlüssig, wie die zuckenden Wadenmuskeln verraten. Als die Folie auf einen der zwei schlanken Damenfüße stößt, kommt Klarheit auf: Die Dame schaut nach unten und wehrt die Belästigung ab – den Anflug von Gereiztheit stumm unterdrückend, der sich in Bewegungen und Mimik ablesen lässt. Verlassen drängt sich die Folie bodennah weiter und rutscht, von einer leichten Brise gescheucht, am Gossenstein entlang...

**Im ohnehin privilegierten gehobenen Mittelstand kann das z. B. so aussehen:**

**193** Frau Heide Pfarr (Arbeitsrichterin und Professorin für Arbeitsrecht), seit 1971 Mitglied der SPD, ist 1993 bereits seit zwei Jahren Arbeits- und Sozialministerin in Hessen. Da trägt ein SPD-Vertrauter der Presse zu, dass Frau Pfarr für 50.000 DM aus Landesmitteln ihre Zweitwohnung am Dienstort Wiesbaden hat renovieren lassen.

Was jeder in vergleichbarer Situation mit persönlichen Mitteln bewältigt, ging hier auf Kosten des Gemeinschaft. Aber die Staatsanwaltschaft stellt nach Ermittlungen fest, Frau Pfarr habe zu keiner Zeit vorsätzlich Landesmittel veruntreut. Und Frau Pfarr selbst fällt dazu ein: „Das Furchtbarste war, zuzusehen, wie man demontiert wird." (ver.di publik 05/08) – Wenigstens hatte sie noch vor Abschluss der staatsanwaltlichen Ermittlungen ihren Posten geräumt.

**Und noch nicht einmal an der Oberkante dieser Missachtung der keineswegs ideologischen, sondern tatsächlichen Mitverantwortung des Einzelnen für die Gemeinschaft mutiert der wechselseitig von der Gesellschaft mit Getragene schließlich zum nimmersatten Schmarotzer und zeichnet von sich selbst ein eher unternehmerisch abstraktes Bild als Wilderer:**

**194** Josef Ackermann und ein 30-Millionen-Euro-Selbstgeschenk an den Gescheiterten. Die mit Richter und Staatsanwaltschaft viel später verhandelte Summe von 3,54 Millionen Euro, für die im „Leistungstausch" die Ermittlungen gegen Ackermann eingestellt werden: Die Staatsanwaltschaft weiß zu erläutern, dass ein gesamtgesellschaftliches Verfolgungsinteresse fehle! Da aber nun die strafrechtliche Schuldfeststellung fehlt, entgeht den unmittelbar Geschädigten, also den Aktionären, wiederum die Möglichkeit zivilrechtlich gegen Ackermann vorzugehen und den nach Aktienrecht entstandenen Schaden einzufordern.

– In Ansehung eines niemals richterlich ausgesprochenen Urteils möge man mir diese Bewertung des Falles verzeihen: Ich zeige lediglich die weitere Rechtsfolge der eingestellten Strafverfolgung auf, die nach Aktienrecht nicht nur zulässig war, sondern erfolderlich gewesen wäre. –

### Kritik am modernen Strafrecht:

**195** Der hehre Anspruch moderner Rechtsprechung, nicht zu sühnen, sondern die Resozialisation in den Vordergrund zu stellen, hat möglicherweise wiederum die Komponente der Abschreckung entwertet. Aber an den beiden letzt genannten Fällen erkennt man recht gut, dass es überwiegend gar nicht am Mangel der rechtlichen Mittel liegt, sondern dass es an der tatsächlichen Anwendung bestehenden Rechts mangelt!

Dennoch diskutiert Bohnert nicht nur innerhalb des Strafrechts schlüssig, sondern auch gesellschaftlich zutreffend in seiner Einführung zum Ordnungswidrigkeitengesetz (in der Ausgabe der Beck-Texte im dtv) über die Möglichkeit, anstelle der Ausklammerung bestimmter Tatbestände in das erst 1968 eingeführte Ordnungswidrigkeitengesetz besser *„innerhalb des Strafrechts für sämtliche Taten [...] eine Bagatellzone vorzusehen".* Was ethisch konsequent gewesen wäre.

Denn nun, in der seit 1968 **196|** entstandenen Regelung zum Komplex des Strafrechts, so kritisiert Bohnert auch, bleibt z. B. ein Diebstahl stets ein Diebstahl im Sinne des Strafrechts, und sei er noch so geringfügig. Aber andererseits z. B. bleibt eine Übertretung nach der Straßenverkehrsordnung eine Ordnungswidrigkeit auch dann, wenn sie grob fahrlässig und in eigentlich nicht mehr hinnehmbarer Weise schwerwiegend ist – geschieht kein Unfall, der die Anwendung des Strafgesetzbuches nach sich zieht, so bleibt das Vergehen im strafrechtichen Sinne eine Bagatelle ohne ethische Bewandnis.

Wenn ich nun kurz anreiße, wie das Strafrecht vor der großen Reform von 1968 gestaltet war, so möchte ich doch ausdr. ein evtl. Missverständnis von vorn herein ausräumen: Bohnert beklagt nicht ewig gestrig die Aufhebung des alten Strafrechtscharakters, sondern er diskutiert Ansätze, wie seiner Ansicht nach eine Reform besser und sinnvoller hätte ausgestaltet werden können.

Bohnert legt (in Ordnungs- **197|** punkt 1 seiner Einführung zum OWiG) dar, dass *„dieses* [alte Strafrecht] *[...] bis dahin* [eig. Anm.: also vor der Reform von 1968] *drei Deliktsarten unterschieden* [hatte]: *Verbrechen, Vergehen und Übertretungen, von denen der Gesetzgeber die Übertretungen nun tilgte. Einen kleinen Teil der Übertretungen*

*stufte er zu Vergehen auf, den größten Teil formte er zu Ordnungswidrigkeiten um [...]".*

Und das mit der Folge, einem Großteil von Übertretungen eine sozial-ethische Relevanz abzusprechen: Die Rechtstheorie hat den Schluss gezogen, dass den Ordnungswidrigkeiten kein sozial-ethischer Wert inne wohne – d. h. aber auch, dass der Verfolgung von Bußgelddelikten das Sozialisationsanliegen aberkannt wird! Diese inhaltliche Folge ist so zutreffend wie fatal und zeigt andererseits auch die Befindlichkeit der Gesellschaft auf:

Seit der Strafrechtsreform von 1968 wird das Strafrecht (nun also einschl. des OWiG) diesem Anspruch gemäß Art. 2 GG nicht mehr hinreichend gerecht, der da lautet: *„Jeder hat das Recht auf die freie Entfaltung seiner Persönlichkeit, soweit er nicht die Rechte anderer verletzt [...]".*

Das tut vielleicht gar nicht Wunder, nicht zuletzt auch vor dem Hintergrund, dass rund 95 % aller verfolgten ordnungswidrigkeitlichen Verstöße dem Verkehrsrecht entstammen (www.juraforum.de). Hiermit tritt eine Überstrapazierung eines Teils des Strafrechts zu Tage aus einem Lebensbereich heraus, der längst zum symbolischen Austragungsort für verschiedene Defizite der Gesellschaftsordnung geworden ist: dem Verkehrsraum. Und es ist eine zumindest in Ansätzen polizeigewerkschaftlich bereits vorgetragene Kritik, dass polizeiliche Kräfte zunehmend dem ordnungsrechtlichen Bereich – und damit ihrer eigentlichen Aufgabe – entzogen werden, um auf der Grundlage des Ordnungswidrigkeitenrechts Geld für lokale Behörden einzutreiben.

# Strafrecht zwischen moralischem Anspruch und Vollstreckungsoptimierung

**198** Der hohe moralische Wert und Anspruch des Strafrechts kann nicht dadurch unterstrichen werden, dass man dem OWiG – rechtssystematisch noch immer Teil des Strafrechts (!) – den moralischen Gehalt abspricht. Denn so wird überhaupt in Frage gestellt, ob weite Teile der öffentlichen Ordnung einer gesellschaftlichen Ethik entspringen. Einer jeden öffentlichen Ordnung aber wohnt eine gesellschaftliche Ethik inne, die wiederum auf nicht mehr und auf nicht weniger zurück geht, als auf einen ganz einfachen Gedanken: Jede Gesellschaft als dauerhafter Zusammenschluss mehrerer Individuen dient primär dem Zweck, die Überlebenschancen des Einzelnen zu verbessern. Aspekte der sozialen Sicherheit und im nächsten Schritt des persönlichen Eigentums zugunsten der Individuen sind bereits Weiterentwicklungen der Primärgesellschaft hin zur Kultur. Das Basisanliegen wie auch die Weiterentwicklung aber geraten in Schieflage, wenn Einzelne sich auf Kosten der Gesellschaft übervorteilen.

Vielmehr also muss man unterstellen, dass die Motivation, bestimmte Delikte aus dem Strafrecht auszulagern, darin lag, die Verfolgung im Bußgeldverfahren an verschiedene andere Behörden delegieren und die Routineabwicklung aus der Justiz auslagern zu können. Und weiterhin kann man nur unterstellen, dass die Sicherung ethischer Werte einer Gesellschaft prinzipiell dem Stande der Richter vorbehalten bleiben soll, so dass man aus pragmatischen Gründen der Wahrung der Ordnung (im Rahmen des OWiG) einfach per Definition den ethischen Gehalt entzogen hat, um routinemäßig und im vereinfachten Verwaltungsakt Bußgelder verhängen zu können.

# Hausfriedensbruch

**Eingangs ein Fallbeispiel:**

Hintherlist hat Hausverbot bei Ihrem Auftraggeber, weil er sich als Vertreter der „Gebr. Schraub & Mutter oHG" vor zwei Jahren völlig daneben benommen und sogar eine Körperverletzung gegen einen Mitarbeiter versucht hatte.

Nun hat er den Arbeitgeber gewechselt. Um ein etwaiges Hausverbot zu umgehen, meldet er sich bei Ihnen als Auslieferungsfahrer der „Gesellschaft für Verbindungen aller Art mbH" (kurz „GVAmbH") und gibt vor, beim Wareneingang eine Lieferung abgegeben zu müssen. Sie machen ihm also die Lieferantenpapiere fertig und melden ihn bei dem Mitarbeiter im Wareneingang an. Da Sie erst seit vier Monaten in diesem Unternehmen eingesetzt sind, ist Ihnen der Hintherlist von Person nicht bekannt; in der Liste der Hausverbote ist er namentlich nicht aufgeführt, es gibt lediglich die Eintragung: „alle Mitarbeiter der Gebr. Schraub & Mutter oHG".

Nun nutzt der Hintherlist aber seine Ortskenntnisse und begibt sich zum Büro des Einkaufsleiters, um Geschäftsbeziehungen zwischen Ihrem Auftrag gebenden Unternehmen und der „GVAmbh" aufzubauen. Da kommt ihm der Werkstattobermeister entgegen, dem der Hintherlist dereinst sogar eine heiße Tasse Kaffee über den Kittel gegossen hatte. „Ach? Sie wieder hier? Herr Hintherlist?" ist der Werkstattobermeister erstaunt. „Da sind Sie aber genauso schnell wieder draußen, wie Sie reingekommen sind." Dann, während er mit seinem schnurlosen Telefon eine Nummer anwählt, klopft er dem Hintherlist gönnerhaft auf die Schulter und sagt: „Aber ich lasse Sie vom Werkschutz hinaus begleiten! Solange dürfen Sie noch mit mir verweilen – solange genießen Sie mal noch die Gastfreundschaft unseres Hauses..." Der Werkstattobermeister hält seine Hand auf der Schulter des schmächtigen Hintherlist, um seine Obacht zu unterstreichen.

*Zur Vorgeschichte: Hintherlist war damals verärgert, weil der Werkstattobermeister den Einkaufsleiter davon hatte überzeugen können, dass die Warenqualität der „Gebr. Schraub & Mutter oHG" auch das günstigste Angebot nicht rechtfertige – und hatte damit weitere Geschäftsbeziehungen vereitelt. Als also über das Qualitätsproblem ein Streit zwischen dem Obermeister und dem Hintherlist entbrennt, da greift Hintherlist zu seiner Tasse Kaffee, die noch voll ist, und holt aus. Wäre der Werkstattobermeister dem Angriff des Hintherlist nicht geistesgegenwärtig und reaktionsschnell ausgewichen, dann hätte Hintherlist ihm auch noch das Gesicht verbrüht; so war aber nur der Kittel an Brust und Bauch durchnässt. Die Geschäftsleitung hatte sich der Reaktion des Werkstattobermeisters angeschlossen und der „Gebr. Schraub & Mutter oHG" ggü. schriftlich für Herrn Hintherlist ein Hausverbot ausgesprochen und sich gegen weitere Kontakte des Unternehmens verwahrt. Ihr Auftraggeber hatte aber davon abgesehen, gegen die Person des Hintherlist eine Anzeige wg. versuchter Körperverletzung zu erstatten.*

Hintherlist vertritt nun empört die Ansicht, dass der Werkstattobermeister ihn nicht einfach hinauswerfen könne; schließlich sei das Hausverbot nie eindeutig gegen seine Person gerichtet worden, sondern gelte nur gegen das Unternehmen der „Gebr. Schraub & Mutter oHG".

**Klopfen wir nun einmal verschiedene Probleme des Falls ab:**
**Sie selbst sind da natürlich erst einmal aus der Schusslinie**

– man hatte es also auf Seiten Ihres Auftraggebers versäumt, ein Hausverbot ggü. Herrn Hintherlist zu konkretisieren. Dass sich dieses ggf. auch auf die Person des Hintherlist erstrecken könnte, müssen Sie nicht wissen. Vermutlich geht diese Zurückhaltung Ihres Auftraggebers zurück auf das Versäumnis, angemessene rechtliche Schritte gegen die Person des Hintherlist zu führen.

Ob jedoch tatsächlich das dereinst ausgesprochene Hausverbot für alle Mitarbeiter der „Gebr. Schraub & Mutter oHG" den Hintherlist befreien sollte, wenn er den Arbeitgeber wechselt, das ist wohl eher nicht anzunehmen. Ein Streit darüber allerdings ginge sicherlich für Ihren Auftraggeber wg. der mangelnden Eindeutigkeit nachteilig aus.

Hintherlist also kann nicht „vor die Tür" gesetzt werden?

**201**  Nun, juristisch ist es erst einmal so, dass Hintherlist durch seine List und Täuschung den Zutritt zum Unternehmen eingeräumt bekommen hat. Dabei hat er noch nicht einmal bzgl. seiner persönlichen Identität getäuscht, sondern hat lediglich ein falsches Ansinnen vorgetäuscht. Damit entfällt der Tatbestand des § 123 StGB, „widerrechtlich eingedrungen" zu sein!

Aber nun gibt es ja noch – so will ich es einmal verdeutlichend ausdrücken – das „Hilfskriterium" des widerrechtlichen Verweilens: *„[...] wer, wenn er ohne Befugnis darin verweilt, auf die Aufforderung des Berechtigten sich nicht entfernt [...]"*. Ich hebe es an dieser Stelle deshalb als „Hilfskriterium" hervor, weil es vom Hausrechtsberechtigten herangezogen werden kann, um nach Vorkommnissen, die den Hausfrieden stören oder stören können, die betreffende Person ins Unrecht zu setzen.

Vor dem Hintergrund, dass der Hintherlist ja noch gar nichts gemacht hat, was den Hausfrieden oder Mitarbeiter Ihres Auftraggebers in sonstiger Weise gefährden könnte, erscheint es jetzt vielleicht etwas komisch, dass man also erst einmal sagt: „Herzlich willkommen! Kommen Sie rein!" und dann betont: „Sie sind hier unerwünscht!" Andererseits müssen Sie sich natürlich des Aufenthaltes einer Person erwehren können, wenn Sie eine Täuschung über Identität oder Motiv des Eingetretenen aufdecken oder wenn gar der Eingetretene plötzlich den Zutritt übel gegen Sie missbraucht. Dramatisch ist das auch für den Eingetretenen noch nicht: Widerrechtlich im Sinne des § 123 StGB handelt er erst dann, wenn er Ihrer Aufforderung, Ihre Räumlichkeiten oder Ihr Grundstück zu verlassen, nicht nachkommt. D. h. der Tatbestand ist noch nicht gleich in dem Moment erfüllt, in dem Sie zum Ausdruck bringen, dass jemand z. B. Ihre Wohnung wieder verlassen soll, sondern der Tatbestand gemäß Strafrecht ist erst erfüllt, wenn der Aufgeforderte sich widersetzt!

Tröndle/Fischer aber heben eindeutig hervor: *„Tatbestandliche*

*Voraussetzung auch der 2. Variante ist ein dem Aufenthalt des Täters in dem geschützten Raum* **entgegenstehender Wille** *des Berechtigten."* (Tröndle/Fischer, § 123, Rn. 28) Es ist hilfreich, dass die Autoren auch darüber aufklären, dass der Berechtigte tatsächlich seine Willensbekundung anpassen kann, wenn er die Einsicht in geänderte Voraussetzungen einer Einwilligung oder Ablehnung des Zutritts bzw. des Aufenthaltes gewinnt: *„[...] es für die Tatbestandsverwirklichung auf eine «Unbefugtheit» des Aufenthaltes vor der Aufforderung nicht ankommt"* (Tröndle/Fischer, § 123, Rn. 27).

Auch erwähnen möchte ich aber, dass der § 123 StGB nicht **202** anwendbar ist ggü. üblicherweise berechtigten Personen. D. h. dass auch das 2. Kriterium des Verweilens trotz einer Aufforderung zum Verlassen nur ggü. jemandem Anwendung finden kann, der auch Eindringling gemäß dem 1. Kriterium des Eindringens sein könnte – also nur ggü. Außenstehenden! Was soll das bedeuten? Tröndle/Fischer geben Beispiel mit dem Beamten, der das Dienstzimmer des Vorgesetzten nicht auf Aufforderung hin verlassen hat (nach richterlicher Entscheidung *kein* Hausfriedensbruch!) oder des Schülers, der entgegen der Aufforderung der Lehrkraft das Klassenzimmer nicht verlässt.

**Und das heißt auch für Sie im Werkschutz:**

Derjenige Mitarb., der nach einer Handgreiflichkeit mit einem anderen **203** ren Mitarb. der Produktion auch auf die Aufforderung des Produktionsleiters hin das Unternehmen nicht verlässt, weil er seiner Verpflichtung zur Arbeitsleistung auch weiterhin nachkommen möchte, begeht keinen Hausfriedensbruch!

Nun könnte der Produktionsleiter natürlich, wenn er glaubt, den Konflikt spontan nicht anders entschärfen zu können, denjenigen Mitarbeiter, den er nach erster Einschätzung der Situation für den Aggressoren hält, von der Arbeit befreien. D. h. dass durch die Arbeitgeberseite der Lohn so fortzuzahlen wäre, als hätte der Betreffende seine Schichtleistung regulär erfüllt, wenn der Arbeitnehmer seine Arbeitsleistung trotz des Konflikts weiter anbietet! Widersetzt sich der Arbeitnehmer dann aber der von der Arbeitsleistung befreienden Anweisung des Produktionsleiters, so ist dieses ein Verstoß auf arbeitsrechtlicher Basis – also zivilrechtlich – weil er sich der Anweisung des Vorgesetzten widersetzt.

**Zurück zum Fallbeispiel:** Auch wenn bisher von Seiten Ihres Auftraggebers nicht eindeutig klar gemacht worden ist, ob sich ein Hausverbot gegen den Mitarbeiter Hintherlist der „Gebr. Schraub & Mutter oHG" oder auch gegen die Person Hintherlist richtet – nun aber ist klar ausgedrückt worden, dass sich der „entgegenstehende Wille" tatsächlich gegen die Person Hintherlist richtet. Folgt er der Aufforderung, das Unternehmen zu verlassen, nicht widerstandslos, so ist das 2. Tatbestandsmerkmal des Hausfriedensbruchs nach Strafrecht erfüllt.

Offenkundige Zutrittsbarrieren reichen als Ausdruck des Ausschlusswillens juristisch aus; eine Pforte oder ein Empfang gehören dazu! D. h. aber auch, dass automatisch ins Unrecht gesetzt ist, wer diese Zutrittsbarrieren missachtet!

Nun muss es natürlich im Interesse des Sicherheitsdienstleisters liegen, auf den Kunden einzuwirken und Zutrittsschranken einzubauen, die es seinem Personal auch wirksam ermöglichen, einen unbefugten Zutritt zu Gelände und Gebäuden zu vermeiden. Dennoch ist es für die Tatbestandsmerkmale des Hausfriedensbruchs nicht erforderlich, dass nur unter besonderem Aufwand überwindbare Barrieren überwunden wurden, sondern es reicht, dass der geschützte Bereich erkennbar ist (Tröndle/Fischer, § 123, Rn. 16).

Beispiele aus der Praxis:

**204** • Ein Schrankenbalken, unter dem man sich leicht hindurch bücken und somit mit geringem Aufwand den Zutritt zum Betriebsgelände erlangen kann, sollte im Sichtbereich und im unmittelbaren Zugriffsbereich des Sicherheitspersonals liegen.

• Ein Tor, das nicht im unmittelbaren Zugriffsbereich von Sicherheitspersonal liegt, sollte im grundsätzlich geschlossenen Zustand (ohne außerordentlichen Kletter- oder Durchbruchaufwand) auch unüberwindbar sein; zusätzlich sollte eine Kameraüberwachung die Beobachtung ermöglichen, wenn ein solches Tor ferngesteuert geöffnet werden muss.

• Drehkreuze mit elektronischer Mitarbeiteridentifikation, wenn sie nicht im unmittelbaren Zugriffsbereich der Sicherheitsmitarbeiter liegen, sollten auf jeden Fall mit Kameraüberwachung und Aufzeichnung ausgestattet sein (Mitarbeiterausweise können durch das Gitter hindurch an Dritte gereicht werden; ggf. können sich zwei Personen mit einem einzigen Entriegelungsvorgang durch ein Drehkreuz zwängen; gestohlene oder verloren gegangene Mitarbeiterausweise können durch unberechtigte Personen missbraucht werden...)

• Zu einer Veranstaltung unter freiem Himmel werden Tische aufgestellt, an denen Kontrollpersonal platziert wird, um Eintritt zu kassieren oder Karten aus dem Vorverkauf gegen farbige Handgelenkbändchen zu tauschen. Die Absperrung ist mangels Absperrband und da man schließlich feststellt, nicht hinreichend Tische zur Verfügung zu haben, lückenhaft. Durch mehrere große Anschlagtafeln wird aber deutlich gemacht, dass der Zutritt zur Veranstaltung Eintrittsgeld kostet. Wer die Lückenhaftigkeit der Begrenzung nutzt, um ohne Entrichtung des Eintrittsgeldes an der Veranstaltung Teil zu nehmen, der erfüllt das Tatbestandsmerkmal des Hausfriedensbruchs.

• Die unterstelltermaßen problematischste Form der Barriereüberwindung ist die durch Personen, die „sich auskennen": Das schlechteste Argument z. B. ehemaliger Mitarbeiter oder von

Vertretern, um sich den vereinfachten Zugang zum Unternehmen unter Umgehung strenger Regeln des Unternehmens (die Sie als Sicherheitsunternehmer oder als Sicherheitsmitarbeiter durchzusetzen haben!) zu erschleichen: „Früher durfte ich auch immer so rein" oder „ich kenne mich aus". Hier sind Sie von Seiten Ihres Auftraggebers in ganz brisanter Form gefordert, „Fingerspitzengefühl" zu zeigen – und können ohne langfristige Kenntnisse über das Unternehmen (fast) nur Fehler machen. Denn ohne weitergehende Kenntnisse zum Auftrag gebenden Unternehmen oder zur fraglichen Person können Sie, allein aus den Aussagen dessen, der nun also Zutritt zu dem Betrieb erlangen möchte, nicht schließen, ob es sich um einen ehemaligen Mitarbeiter handelt, dem man auch heute noch besonderes Vertrauen entgegen bringt – oder um einen „unehrenhaft" Entlassenen... oder... oder...

Fallbeispiel: Ein ehemaliger Mitarb., der vermeintlich das Personal des Empfangs entlastet, als er über mehrere Menschen hinweg ruft: „Ich darf! Ich war hier zwölf Jahre beschäftigt!" und ohne weitere Anmeldung durchgeht, um das Betriebsgelände frei zu betreten. **205**

Auch der ehemalige Mitarb. ist grundsätzlich Besucher und z. B. (wenn es allg. so angewiesen ist) stets von einem aktuellen Mitarbeiter des Betriebes zu begleiten.

Problemfall: Der gekündigte Hilfsmitarb. einer Druckerei, der den Vertrauensvorschub aus der langjährigen Mitarbeiterschaft nutzte, um Zutritt zum Betriebsgelände zu erlangen, legte Feuer im Auffangbehälter der Makulaturexemplare (Ausschussexemplare bei Druckbeginn) und rächte sich damit für die erlittene Kündigung. **206**

Die Fallnuancen sind, je mehr Ihr Auftraggeber für Ausnahmen zugänglich ist, umso schwerer beherrschbar – der Begriff des „Fingerspitzengefühls" also etwaig nach Gutdünken um so strapazierter. Konsequenzen treffen beim „bedeutenden" Ehemaligen eher Sie im Sicherheitsdienst („unfreundlich", „unverschämt" etc.) – beim „normalen" Ehemaligen aber diesen selbst („Alle müssen sich an die Regeln halten, also auch Sie!")

Fallvariante: Werkschützer ruft: „Warten Sie bitte! Wir müssen Sie anmelden!" „Ach, lassen Sie mal, ich kenne mich hier aus!" wehrt der Ehemalige ab. Antwort des Werkschützers: „Das hat damit nichts zu tun und ist auch nicht gegen Sie persönlich gerichtet: Ich muss Sie abholen lassen!" Jetzt zumindest ist der ehemalige Mitarbeiter ausdr. darüber in Kenntnis gesetzt, dass er gegen die Regel des Hauses verstößt. **207**

Andernfalls aber könnte tatsächlich Tatbestandsirrtum gemäß § 16 Abs. 1 StGB herrschen; und zwar dann, wenn bisher auch dem ehemaligen Mitarbeiter ggü. eine eher lasche und kulante Handhabung des Besucherrechts geübt worden ist. Dass nun, z. B. mit Wechsel des Sicherheitsdienstleisters oder mit der

Anstellung eines neuen Sicherheitsmanagers innerhalb des Unternehmens schärfere Sicherheitsregeln gelten sollen, muss die betreffende Person dann nicht wissen: Es bedarf auf jeden Fall der ausdrücklichen Bitte oder Aufforderung, sich an eine bestimmte Regel zu halten! Hier bedarf es dann oftmals eines schwierigen Balanceakts zwischen dem, was man geläufig „Fingerspitzengefühl" nennt – und einer bei großer Hartnäckigkeit oder gar Dreistheit des Eindringlings schließlich unmissverständlichen und jede „Freundlichkeit" entbehrenden Härte.

Schließlich muss man sich stets vor Augen führen, dass die Geschichte vom ehemaligen Mitarbeiter ein mit Planung und List angelegter Durchbruchsversuch sein kann, um unbehelligt Zutritt zu einem Unternehmen zu erlangen und etwaig Schaden jedweder Art anzurichten, etwa aus Verärgerung über eine Kündigung! (siehe: Feuerleger in der Druckerei!)

**208** Aber beachten Sie bitte auch: Der Hausfriedensbruch ist ein so genanntes Antragsdelikt. D. h. dass eine Strafverfolgung nur dann aufgenommen wird, wenn der Hausrechtsberechtigte den Hausfriedensbruch anzeigt.

Zivilrechtlich gegen einen Störer vorzugehen bedeutet, einen Schaden nachweisen zu müssen oder aber zumindest auf Unterlassung zu klagen (wobei aber Sanktionen dann nur für den Wiederholungsfall ausgesprochen würden); das kostet den Kläger nicht nur Geld, dass er ggf. gar nicht wiedererlangen kann, sondern lässt auch die öffentlich-rechtliche Botschaft vermissen, dass der Staat, die Gesellschaft an sich, ein Interesse hat, auch den privaten Besitz gegen die Willkür des Einzelnen zu schützen.

**209** So wie man auch verneinen wird, dass eine offen stehende Haustüre gleichbedeutend jedermann den Zutritt erlaube, so muss man auch verneinen, dass ein nicht eben festungsmäßig abgesicherter Betrieb für jedermann offen stehe. Während aber im Privatbereich ganz offensichtlich hierüber ein stillschweigender Konsenz herrscht, dass z. B. selbst der ehemalige Bewohner eines Mehrfamilienhauses später nicht mehr berechtigt ist, dieses selbstverständlich zu betreten, wenn er nicht ausdr. von einem aktuellen Mitbewohner empfangen wird, oder wie die offen stehende Balkontüre keine Einladung an jedermann zum Eintritt ist, so ist es offenbar schwerer vermittelbar, dass dieselben Gepflogenheiten auch für einen Betrieb gelten. Gleichzeitig ist es unschöne Gepflogenheit von Lieferanten und Vertretern, dass jede offene Türe, ob im Wohnbereich oder im Unternehmensbereich, genutzt wird, um Ware abzulegen oder das Verkaufsgespräch aufzudrängen – insbesondere im letzteren Fall zweifelsfrei mit Unrechtsbewusstsein, und dem Bewusstsein, dass viele Türen bei der höflichen und wahrheitsgemäßen Ansprache gar nicht erst auf gingen.

# Exkurs zum Hausfriedensbruch

§ 123 StGB führt abschließend **210|** den Schutzbereich des Hausfriedens auf (Tröndle/Fischer, § 123 Rn. 5). Abschließend heißt, dass Handlungen, die hier nicht aufgeführt sind, nicht als Hausfriedensbruch geahndet werden.

Der Schutzbereich des § 123 StGB also erstreckt sich definitiv nur auf
– die Wohnung,
– die Geschäftsräume und
– befriedetes Besitztum.

Zwar hat das BVerfG mit einer Entscheidung tatsächlich **211|** auf Art. 13 Abs. 1 GG abgestellt, um auch für Betriebe und Geschäftsräume eine unmittelbare Schutzdeckung zu rechtfertigen. Dem aber folgt die Rechtslehre keineswegs durchgängig (Epping, Rn 835). Auch Epping und Koautoren weisen ebenda auf die Lehrmeinung hin, dass Betrieb und Geschäftsräume über Art. 2 Abs. 2 GG geschützt werden, was zwar einer Abstraktion des Schutzbereichs des Art. 2 GG folgt – aber schließlich weniger abstrakt und weniger virtuos erscheint, als den ausdr. Schutz der ganz persönlichen Privatsphäre, eben gemäß Art. 13 Abs. 1 GG der Wohnung, auch noch für Räume des unternehmerischen Leistungsbereichs zu verbiegen.

Epping und Koautoren weisen zwar schlüssig auf die Herleitung nach Art. 13 GG hin (Epping, Rn. 837), aber ich betrachte dies als eher sportlich akademisch, weil der Unternehmer in seinen Räumlichkeiten nicht etwa mangelhaft unter dem Schutz des GG steht, wenn die Ableitung von Art. 2 GG herrührt. Und weiterhin weisen die Autoren auf Räumlichkeiten und Örtlichkeiten des unternehmerischen Engagements hin, die definitiv nicht unter Art. 13 GG zu bringen sind.

Die Rechtslehre hat offenbar den Bedarf erkannt, abzuwägen, ob nicht über Artikel 14 Abs. 2 GG der § 123 StGB in seiner Reichweite beschränkt würde – lehnt es aber ab, unmittelbare individuelle Zugriffsrechte Dritter auf den fremden Hausrechtsbereich anzuerkennen (Tröndle/Fischer, § 123, Rn. 9). Es wäre ja auch absurd, einerseits den Schutz des Eigentums nach Artikel 14 Abs. 1 des Grundgesetzes zugunsten des Einzelnen einzuräumen, dann aber genau dieses Grundrecht wieder zu kassieren, indem man Artikel 14 Abs. 2 des Grundgesetzes allzu wörtlich liest: *„Eigentum verpflichtet. Sein Gebrauch soll zugleich dem Wohle der Allgemeinheit dienen."* Deshalb lasse ich es bei der Erwähnung und lasse mich auf keine weitere Abwägung ein.

Es sei also weiter nur kurz angerissen, dass die Enteignungsmöglichkeit nach Art. 14 Abs. 3 GG kollektive Interessen über das individuelle Interesse am Eigentum stellt, aber natürlich ganz andere Interessenabwägungen einbezieht, als sie vom § 123 StGB je erreicht werden. Stichworte wie Braunkohlenabbau oder Talsperrenbau sollen genügen, um die Reichweite dieser Einschränkung des Grundrechts auf Eigentum zu erläutern.

Ein Fallbeispiel:
Die Flottwachs AG mietet ein **212** seit fast 10 Jahren brach liegendes Grundstück in seiner Nähe an, um es den Mitarbeitern als Parkfläche anzubieten. Bisher parkten

die Mitarb. überwiegend in dem angrenzenden Wohngebiet, weil das schnell gewachsene Unternehmen nicht hinreichend Parkraum anbieten konnte. Die Flottwachs AG lässt das Gelände schottern und walzen und gibt im übrigen den Mitarbeitern nur bekannt, dass dort für sie nun 200 neue Einstellplätze geschaffen worden seien. Keine Markierung von Fahrwegen und Parkbuchten. Kein Schild. Kein Zaun.

Darüber freuen sich einige Anwohner: Von den rund 200 Einstellplätzen, die mit dieser Fläche entstanden sind, sind mindestens 30 von Anwohnern dauerbelegt. Als die Flottwachs AG seinen Mitarbeiterstamm weiter aufgebaut hat und wieder die alten Parkplatzprobleme herrschen, da lässt der Vorstand vom Sicherheitsdienst die Personen beobachten und befragen, die dort ihre Fahrzeuge abstellen: Der Vorstand möchte Hausfriedensbruch gegen all jene geltend machen, die hier widerrechtlich ihren Pkw abstellen.

Da es sich um ein anderes Betriebsgelände handelt, ist die Zuordnung zur Flottwachs AG nicht selbstverständlich erkennbar. Das fragliche Grundstück muss nicht unbedingt der Flottwachs AG anliegen, um ihr zugeordnet zu sein – aber es müssen erkennbare beanspruchende Hinweise vorliegen. Hier nun hat der Vorstand der Flottwachs AG nichts getan, um eine Zuordnung überhaupt zu ermöglichen. Es gibt kein Schild, z. B. an der Zufahrt, um die neue Parkfläche einem bestimmten Besitzer oder Eigentümer zuordnen zu können.

**213** Auch gibt es keine Einzäunung, die die beanspruchte Fläche nach außen hin erkennbar als von fremder Hand beansprucht beschreibt. Dabei hätten ein paar rostige Eisenstangen, in den Schotter geschlagen, und ein wenig Flatterband schon gereicht, selbst wenn diese zum Betreten kein echtes Hindernis darstellen – die neue Schotterfläche allein aber ist wiederum keine „Einfriedung" oder „Einhegung", die die Kriterien des § 123 StGB erfüllt. (Tröndle/Fischer, § 123 Rn. 8) – Ohne Besitz beanspruchende Hinweise können Außenstehende den Eindruck gewinnen, dass die „öffentliche Hand" für Parkraum gesorgt habe.

Die von der Flottwachs AG angestrebten Klagen müssten unter den gegebenen Umständen ins Leere laufen.

**214** Ich erinnere mich an die kleinen Streiereien unter Schülern um den hälftigen Anteil am Zweiertisch: Wenn der rücksichtslos sich ausbreitende Tischnachbar mit seinen Heften, Büchern und schließlich auch Ellenbogen soviel Tischfläche für sich beansprucht, dass man selbst kaum noch sein Heft lassen und wenigstens das pflichtgemäß Mindeste ordentlich mitschreiben konnte – oder gar eine Klassenarbeit kaum konzentriert bestehen konnte. Grenzmarkierungen mussten dann her, Symbole wenigstens, wenn Worte nicht überzeugen konnten. Die „Grenzziehung" begann, im milden Falle mit dem Bleistift – und zwar exakt in der mit Zentimetermaß ermittelten Tischmitte, damit ab sofort Gerechtigkeit walten möge.

**215** Der Bleistiftstrich an sich reicht nicht zur Grenzmarkierung aus, um „im Zweifel" einen Rechtsstatus über Besitzansprüche an Grund und Boden zu begründen. Aber die erklärte Inanspruchnahme, die „in der realen Welt" durch ein eindeutiges Schild zum Ausdruck gebracht werden könnte, behebt den Mangel. Nach einem Urteil reicht eine Bodendelle allein nicht aus, um ein"befriedetes Besitztum" zu deklarieren; *„der bloße Beherrschungswille"* schafft nach Tröndle/Fischer (§ 123, Rn. 15) *„keine Sphäre räumlichen Hausfriedens".* Der Beherrschungswille muss für Außenstehende erkennbar sein.

Aber zu Art und Umfang der Begrenzung meint dann auch die Rechtsprechung, dass eine *„vollständige Abschließung"* oder auch nur eine *„wesentliche Erschwernis des Zugangs"* nicht erforderlich ist, um die beanspruchte Grenze zu ziehen (Tröndle/Fischer, § 123, Rn. 8). Ein bewehrter römischer Limes muss es also gar nicht sein – es reicht schon ein Zäunchen, das kaum mehr als das unbehelligte Dahinschreiten behindert, wenn es denn nur mindestens eine eindeutige Grenzziehung ist. Es muss auch nicht erkennbar sein, **wer** die Fläche für sich beansprucht, sondern es muss nur erkennbar sein, **dass** jemand rechtmäßig den Anspruch auf die Fläche zum Ausdruck bringt.

„Eindringen" erfordert den **216** körperlichen Übertritt einer Grenze. Dabei reicht es aber schon, wenn der Dreistling den Fuß in die Wohnungstüre stellt, um den Wohnungsinhaber daran zu hindern, die Türe zu schließen und so einer weiteren Konfrontation aus dem Wege zu gehen (Tröndle/Fischer, § 123 Rn. 15).

„Widerrechtlich" ist das Ein- **217** dringen nicht dann, wenn etwa ein Gesetz es verböte, sondern wenn der Wohnungsinhaber / Geschäftsinhaber / Grundstücksinhaber es nicht möchte. Und genau mit dieser Widerrechtlichkeit wird es dann juristisch etwas spitzfin-

dig – aber sehr bedeutsam für den Werkschutz!

Wenn jemand andere Moti- **218** ve oder Absichten vorgibt und sich somit den Zutritt in den geschützten Bereich erschleicht, so fällt der Tatbestand des widerrechtlichen Eindringens weg. Täuscht er aber eine andere als seine tatsächliche Identität vor, weil er aufgrund eines Hausverbots weiß, dass er andernfalls niemals den Zutritt z. B. zu einem Geschäftslokal oder zu einem Unternehmen erlangen kann, so ist der Tatbestand des widerrechtlichen Eindringens sehr wohl erfüllt – alles andere wäre auch eine absurde rechtliche Verzerrung.

Dasselbe nämlich gilt, wenn z. B. bestimmte Zutrittsvoraussetzungen erfüllt sein müssen, um erlaubt in einen geschützten Bereich zu gelangen. Wer sich also etwa eine Konzertkarte gefälscht hat, um den horrenden Eintrittspreis zu sparen, so ist derjenige natürlich kein „gebetener" Gast, sondern er hat sich tatsächlich den Zutritt zu dem Konzert widerrechtlich erschlichen (Tröndle/Fischer, § 123 Rn. 23).

Und hiermit kommt man dann **219** gleich auf den anderen Tatbestand *„oder [...] ohne Befugnis [...] verweilt":* Wenn schon jemand vorher widerrechtlich eingedrungen ist, dann muss nicht auch noch dieses 2. Merkmal ausdr. erfüllt werden (obgleich Wortgefechte wahrscheinlich mehrheitlich dazu führen werden, dass die Aufforderung, eine Räumlichkeit, ein Grundstück oder eine Veranstaltung wieder zu verlassen, dann noch hinzukommt). Interessant also wird dieses Merkmal zum einen, wenn sich jemand durch Vortäuschung falscher Motive den Zutritt erschlichen hat: Es unterliegt nicht unbedingt einem Gesinnungswandel desjenigen, der das Herrschaftsrecht an z. B. Wohnung, Unternehmen oder Veranstaltungsraum inne hat, wenn er schließlich erkennt, dass er diesen oder jenen Gast doch nicht länger dulden will (Gesinnungswandel: nach einer halben Stunde möchte ich nicht mehr diskutieren, ob ich einen neuen Staubsauger benötige oder nicht...), sondern es kann ursächlich an einer Regelverletzung liegen, die der „Gast" übt aber nicht absehbar üben würde (der legitime Gast eines Musikkonzertes, der plötzlich zum Störer wird...).

Welch ein akademisches Geschwätz über den Unterschied der beiden Kriterien: Wenn sich jemand den Zutritt widerrechtlich erschlichen hat, dann muss ich ggf. nur zum Ausdruck bringen, dass er nun aber gehen soll, und schon ist der Tatbestand des Hausfriedensbruchs erfüllt. Basta.

**220** Aber ganz so einfach ist es dann doch nicht: Erschleicht sich der ehemalige Mitarbeiter, der ausdr. Hausverbot hat, durch Vorgabe einer falschen Identität den Zutritt zum Betrieb seines ehemaligen Arbeitgebers, so tritt er ja mit Zustimmung ein! Und ist somit legitimiert? Klares „Nein": Es kommt auf den tatsächlichen Willen des Berechtigten an – und dieser tatsächliche Wille ist natürlich gerichtet an die tatsächliche Person des Eintretenden, nicht die von dieser Person vorgetäuschte Identität. (Tröndle/Fischer, § 123, Rn 23)

**221** Ein wichtiges Kriterium ist auch die „Sozialüblichkeit". So bedeutet die offene Terrassentüre nicht die pauschale Einladung an jeden, ungehemmt einzutreten, sondern der fremde Herrschaftsbereich ist durch die Wohnungseinheit auch dann hinreichend erkennbar und quasi „erklärt", wenn eine Türe offen steht. Dasselbe ist für die Wohnungsgemeinschaft eines Mehrfamilienhauses zu unterstellen, wenn die Haustüre offen steht.

Der Vertreter, der im Mehrfamilienhaus bei einer bestimmten Partei klingelt und eingelassen wird, hat die Zutrittsberechtigung zu dem Hause erhalten, und zwar ganz konkret bezogen auf diese Mitbewohner, die auf das Klingeln hin geöffnet haben. Nutzt er nun, da er schon im Hause ist, die Möglichkeit, sich von Wohnungstüre zu Wohnungstüre zu begeben, so hat er den Tatbestand des Hausfriedensbruchs streng genommen schon erfüllt, denn wenn er sich von den konkreten Bewohnern verabschiedet hat, so können diese üblicherweise davon ausgehen, dass mit dem Ende des Besuchs in der Wohnung auch umgehend das Haus verlassen wird!

Dasselbe, was für den Wohnungsinhaber und seine geöffnete Terrassentür gilt, gilt auch für den Unternehmer eines Produktionsbetriebes: Der Produktionsbetrieb ist üblicherweise nicht pauschal offen für Besucherverkehr, nur weil etwa die Beschrankung nicht unüberwindbar für Fußgänger ist oder weil neben der Schrank ein offener Durchgang für Fußgänger ist. Nutzt jemand diesen offenen Durchgang, so beschränkt sich seine Legitimation zunächst einmal nur auf den kürzesten Weg zur Anmeldung, wo er mit seinem Anliegen vorsprechen kann. Auch ist nicht gleich „Tag der Offenen Tür", wenn der Schrankenbalken senkrecht steht und die Durchfahrt nicht behindert!

Für ein Geschäftslokal ist es „sozialüblich", dass die offenen Türen die Einladung zum Eintritt sind (jedoch nicht zur Unzeit, also z. B. nicht morgens um 7:30 Uhr, wenn in der Fußgängerzone noch gar nichts los ist, aber Handwerker besondere Arbeiten durchzuführen haben und deshalb die Eingangstüren offen stehen): Jeder Interessierte soll eintreten und natürlich möglichst etwas kaufen. Nun kann aber jemandem wg. Ladendiebstahls oder wg. Vandalismusvergehens ein Hausverbot ausgesprochen werden. Betritt derjenige dennoch später wieder das Ladenlokal, so greift der Tatbestand des § 123 StGB auch dann, wenn nicht durch Türsteher die Eintretenden „selektiert" wurden, wenn also nicht durch wirksame Maßnahmen bereits am Eingang das Hausverbot durchgesetzt wurde.

# Die vorläufige Festnahme

**222**  Auf die vorläufige Festnahme war ich in vorang. Kapiteln schon eingegangen: „Exkurs: Subsumieren", „Das Jedermanns-Recht" und „Unterschiedliche Formen des Notstandes". Der Goldschmied z. B., der den Dieb unmittelbar erwischt und verfolgt, hat es einfach, weil der Täter auf frischer Tat ertappt worden war.

Was aber bedeutet „auf frischer Tat"? Wie weit geht die Zugriffsbefugnis? Wann sind die Grenzen des § 127 StPO überschritten? Wann sind die Mittel zur Durchsetzung der vorläufigen Festnahme überschritten?

Ich will mit zwei Grenzfällen konfrontieren und diese diskutieren.

**223**  Beim Betreten seines Hauses erkennt T, dass eine Fensterscheibe eingeschlagen und seine Wohnung durchwühlt worden ist. Beim Blick durch dass Fenster sieht er den O mit einem größeren Koffer dahin rennen. O hat es so eilig, weil er seinen Zug nicht verpassen darf – T hält ihn jedoch für den Einbrecher und verfolgt ihn. Nachdem O, der unter gehetzten Schritten nur seinen Zug im Kopf hat, auf mehrere Zurufe des T nicht reagiert, ergreift T ihn schließlich am Arm und hält ihn mit schmerzhaftem Griff fest.

Hat T sich der Körperverletzung gemäß § 223 StGB, der Nötigung gemäß § 240 StGB, evtl. der Freiheitsberaubung gemäß § 239 StGB strafbar gemacht? Oder ist er gemäß § 127 Abs. 1 StPO zur vorläufigen Festnahme legitimiert?

(entlehnt: Prof. Dr. Bernd Heinrich, Examinatorium Strafrecht, Okt. 2007, Arb.Bl. Nr. 13)

Die Rechtsprechung geht dahin, den ***dringenden Tatverdacht*** bereits als hinreichend anzusehen, um die vorläufige Festnahme zu rechtfertigen. Angelehnt wird daran, dass Ermittlungsverfahren regelmäßig mit einem Verdacht beginnen. Diesem Verdacht kann man selbstverständlich nur wirksam nachgehen, wenn der Zugriff auf die verdächtige Person auch möglich ist. Die vorläufige Festnahme ist diejenige gesetzlich legitimierte Maßnahme, die die Aufklärung des Verdachts ermöglichen soll, wenn andernfalls (jetzt einmal anders umschrieben) mit an Sicherheit grenzender Wahrscheinlichkeit der Zugriff auf eine verdächtige Person unmöglich oder nur durch unverhältnismäßigen Ermittlungsaufwand möglich würde.

Das ist plausibel, das ist in sich schlüssig. Dennoch steht die Rechtslehre dem überwiegend kritisch gegenüber. Ich will die Darlegung der umfangreichen Kritik auf nur zwei Kernpunkte beschränken:

1. Demjenigen, der schuldlos ist, der also zu Unrecht aufgegriffen wird, der *„gar nicht weiß, wie ihm geschieht"* (Prof. Dr. B. Heinrich), kann das Notwehrrecht gegen den Angriff wider seine

Freiheit und ggf. sogar wider seine körperliche Unversehrtheit nicht abgesprochen werden.

2. Der § 127 Abs. 1 Satz 1 StPO stellt nicht auf einen Tatverdacht ab, sondern lediglich auf einen Fluchtverdacht. Es heißt: *„Wird jemand auf frischer Tat betroffen* [eig. Anm.: angetroffen] *oder verfolgt, so ist, wenn er der Flucht verdächtig ist oder seine Identität nicht sofort festgestellt werden kann, jedermann befugt, ihn auch ohne richterliche Anordnung vorläufig festzunehmen.“* Mit anderen Worten: Vorläufig festgenommen werden kann, wer offensichtlich oder wahrscheinlich fliehen und sich damit einem Zugriff auf seine Person entziehen wird – und zwar dann und nur dann, wenn er entweder auf frischer Tat ertappt wird (man hat ihn z. B. beim Einbruch unmittelbar überrascht) oder wenn er zumindest auf frischer Tat verfolgt wird.

(Beispeil: Sie kommen nach Hause und beobachten aus nicht einmal 50 Metern **224** Entfernung, dass ein Unbekannter aus einem Fenster Ihrer Wohnung springt und davon rennt.)

Bleiben wir zur Verdeutlichung bei dem letzten Beispiel: Sie versuchen nun, dem Unbekannten mit schnellem Lauf zu folgen, noch ehe Sie prüfen, was überhaupt vorgefallen ist. Das soll auch reichen, denn in jedem Fall hat niemand aus ihrer Wohnung heraus zu springen – es hatte sich dort gar niemand Fremder aufzuhalten. Der Fremde aber hetzt in die nächste Straßenbiegung. Bis Sie dort ankommen, sehen Sie nur in eine Straße mit 15 bis 20 Passanten, die zum Teil allein schlendern, zum Teil zu zweit, manche auch hetzen eiligen Schrittes, und drei von denen beginnen zu rennen, als ein Bus naht und auf die Bushaltestelle zufährt.

Einmal abgesehen davon, dass Ihnen nun Mittel und Möglichkeiten fehlen, um alle 15 bis 20 festzunehmen: Das Gesetz hat schon seine guten Gründe, diese diffuse Menge von Menschen zu schützen und dem Verdachtsmoment zu entziehen – Sie können diesen 15 oder 20 Personen nicht pauschal das Voraussetzungsmoment des § 127 StPO zuordnen, das da heißt „auf frischer Tat [...] verfolgt“.

Und sie können auch nicht den dreien, die da nun rennen, unterstellen, dass sie „fliehen“. Anders sähe es aus, wenn Sie mit ziemlich großer Sicherheit sagen könnten, dass Kleidung, Haare, Hautfarbe oder was immer zu einem dieser Drei passt und sie deshalb genau diesen vorläufig festnehmen. Aber alle drei können Sie eben nicht legitimiert vorläufig festnehmen, nur weil sie ein Charakteristikum der Fortbewegung gemein haben, das auch als Flucht ausgelegt werden könnte.

„Moment!“ werden Sie nun vielleicht ausrufen, „aber bei einer **225** Ringfahndung geschieht doch nichts anderes, als pauschal jeden erst einmal in Verdacht zu ziehen!“ Nun gut, ebenso könnte man es positiv ausdrücken und einfach sagen: Nein, es werden nur die Maschen eines Netzes so eng gezogen, dass der Gesuchte möglichst nicht hindurch huschen kann. Aber jetzt mit Ernsthaftigkeit: Es handelt sich bei einer Ringfahndung natürlich um eine erhebliche Beschränkung der Freiheit eines jeden. Jedoch: Sie wird hoheitlich angeordnet nach einer Überprüfung des Sachverhaltes und der Interessen. Und: Es steht ein höheres gesellschaftliches Schutzinteresse dahinter, wenn mit Hilfe einer Ringfahndung ein Täter oder ein Täterkreis gefasst werden soll. – Kein Richter wird eine Ringfahndung veranlassen, nur weil eine mit Diamanten besetzte Rolex gestohlen worden ist.

Im übrigen ist es noch keine „vorläufige Festnahme", wenn Sie in einem Autostau warten, einer Routinekontrolle unterzogen zu werden. Wenngleich ein solcher Stau einzelne Merkmale einer vorläufigen Festnahme durchaus aufweisen kann...

**226** Mit den Beschränkungen des § 127 StPO wird nicht nur das Zugriffsrecht von Jedermann begrenzt, sondern auch das der Polizei – bei aller Hoheitlichkeit der Polizeibehörde. Ein Haftbefehl wird von einem Richter ausgesprochen und ergeht damit nach richterlicher Prüfung und Abwägung. Ohne einen solchen Haftbefehl handelt ggf. auch die Polizei nach den Beschränkungen des § 127 StPO im Rahmen der vorläufigen Festnahme – eben, wenn Gefahr in Verzug ist, dass die Rechtsverfolgung andernfalls vereitelt werden könnte!

Inhaltlich beschreibt Bernd Heinrich in seinem „Examinatorium Strafrecht" zur Verdachtslösung, die mit Rechtsprechungen untermauert ist, dass nach dieser Auffassung die Kriterien des § 127 StPO bereits erfüllt seien, wenn derjenige, der vorläufig festnimmt, nach „pflichtgemäßer Prüfung" den Tatverdacht annehmen konnte.

Aber hat T „pflichtgemäß" geprüft?

Hierzu kann ich nur kritisch und mahnend fragen: Reicht Eiligkeit, um darauf einen Verdacht zu stützen? Entsprach es einer pflichtgemäßen Überprüfung, wenn er noch nicht einmal nach Anhaltspunkten gesucht hatte, die auf einen Zeitpunkt des Einbruchs hindeuten könnten? Hält es den Erfodernissen einer pflichtgemäßen Situationsprüfung stand, wenn T den gleichsam Erstbesten der Tat verdächtigt, den er zu sehen bekommt?

Nach verständiger Abwägung muss die Zulässigkeit der vorläufigen Festnahme in diesem Fall abgelehnt werden.

**227** Wenngleich die Rechtsprechung im Sinne eines Notfalles tendenziell richtig liegt, wenn die hohen Pflichtmaßstäbe des Regelfalles im Sinne eines Interessenschutzes zugunsten des Geschädigten ausgesetzt werden, so muss ich aber für den Bereich des Sicherheitsdienstes davor warnen, auf eine allzu kühne Auslegung der befreienden Kriterien im Sinne der Selbsthilfe und auch hier im Sinne speziell der vorläufigen Festnahme zu vertrauen. Während zweifelsohne im Bereich des Personenschutzes ein besonderes Maß an Menschenkenntnis, aber auch an Sensibilität gefordert ist, so sind z. B. im Bereich des Werkschutzes rechtliche Verflechtungen vorgegeben, auf dessen Beachtung ein Auftrag gebender Kunde auch in Bezug auf den Werkschutz bestehen wird! Ich habe an anderer

Stelle etwa die Mitbestimmungsrechte des BR bei jeglichen Maßnahmen ggü. Mitarb. eines Betriebes angeschnitten.

Auch ist zu bedenken, dass Ansprüche Dritter (Mitarbeiter, Lieferanten etc.) zunächst gegen den Auftraggeber gehen, der sich durch den Sicherheitsdienstleister hat vertreten lassen! Leicht heraus aber kommen Sie, wenn Sie eine vorläufige Festnahme für angemessen halten, indem Sie einen weisungsbefugten Vorgesetzten des Auftraggebers (Produktionsleiter, Personalleiter etc.) einbeziehen, während Sie die fragliche Person zunächst nur mit Freundlichkeit hinhalten: Möglicherweise ist eine Feststellung von Personalien bereits auf diesem Wege möglich, so dass sich eine Festnahme erübrigt. Andernfalls wälzen Sie die Entscheidung zur vorläufigen Festnahme (und Einbeziehung der Polizei) auf eine verantwortliche Person des Auftraggebers ab!

# Handlungsbeschränkung gemäß Kundenauftrag

## § 34a Abs. 5 GewO, hier
## unter besonderem Hinweis auf § 87 BetrVG

### Fallbeispiel:

**228** Das Laptop des Geschäftsführers wurde in den frühen Abendstunden offenbar gestohlen. Der Produktionsleiter ruft den Werkschutz an, dass ab sofort 100-%-Kontrollen durchzuführen seien, wenn Mitarbeiter das Werk verlassen. Der Schichtleiter des Werkschutzes, Herr Auge, macht darauf aufmerksam, dass dem Werkschutz nur eine Quote von 40 % erlaubt sei. Weiterhin erbittet er eine schriftliche Anweisung für diesen Sonderfall. Bis zum Ende der Spätschicht bringt der Produktionsleiter also eine einstweilige Einwilligung des BR (der kurzfristig mit Mindeststärke, um einen wirksamen Beschluss fassen zu können – siehe § 33 Abs. 2 BetrVG – zusammen getreten ist) bei, bis zum Auffinden des Laptops, aber zunächst vorbehaltlich einer anderen Entscheidung des BR für maximal drei Tage, bei jedem Mitarbeiter beim Ausgang aus dem Unternehmen Personen- und Taschenkontrollen durchzuführen.

Um 22:00 Uhr ist die Spätschicht zuende; um 22:28 Uhr geht ein Anruf des Produktionsleiters bei Herrn Auge ein, dass der Täter überführt wurde und die Kontrollen ab sofort wieder im normalen Umfang durchzuführen seien, d. h. die Mitarbeiter einen Zufallsgenerator zu betätigen haben und damit die 40-%-Quote wieder einzuhalten sei.

Als Herr Auge gerade aufgelegt hat, da sieht er den Herrn Kiebig auf den Ausgang zugehen. Er ist allein. „Mensch", sagt Auge zu seinen Kollegen, „jetzt aber noch mal 100 %, Leute!" „Hä?" staunt sein Kollege Harald, „ist doch zuende, die Aktion!" „Ja, ja. Aber der Kiebig weiß ja nicht, wann wir davon erfahren haben. Das lässt sich doch gar nicht nachweisen." „Mensch, mach keinen Scheiß!" ermahnt ihn der Kollege Harald. „Ach, dann kontrollier ich den Kiebig eben selbst. Ihr sagt bloß nichts, ist das klar? Man, was hat der uns schon getriezt... Der meint ja Gott weiß, wer er ist – bloß weil er fünf Maschinen unter sich hat. Und stolziert hier immer raus, als gehörte ihm der Laden..."

### Klopfen wir den Fall einmal ab.
### 1.

**229** § 87 Abs. 1 Nr. 1 BetrVG:

*„Der BR hat, soweit eine gesetzliche oder tarifliche Regelung nicht besteht, in folgenden Angelegenheiten mitzubestimmen: 1. Fragen der Ordnung des Betriebs und des Verhaltens der Arbeitnehmer im Betrieb; [...]"*

Die Einbeziehung des BR in derlei Angelegenheiten mag dem Arbeitgeber manchmal eher lästig erscheinen, vor allem dann, wenn es eilig ist, wie im Fallbeispiel. Die Einbeziehung des BR ist gleichzeitig die Einbeziehung der Belegschaftsseite und führt zu der pauschalen Unterstellung, dass die Belegschaftsseite zu einer per Betriebsvereinbarung getroffenen Regelung ihr Einverständnis gibt– und dieses auch dann, wenn einzelne Mitarb. nicht einverstanden sind. Das ist für die Arbeitgeberseite von großem Vorteil. Denn im Wege einer Betriebsvereinbarung ist nicht nur das Interesse des Arbeitgebers an einer bestimmten

Vorgehensweise belegschaftsseitig anerkannt, sondern durch die Einigung mit der Belegschaftsvertretung greift auch die Unterstellung, dass die Arbeitnehmerinteressen hinreichend berücksichtigt worden seien.

Personenkontrollen sind ein Eingriff in die Privatsphäre des **230** Mitarb. – gerade sie also bedürfen der Einbeziehung des BR. Und sie sind häufig angewendetes Mittel, um Diebstähle der eigenen Mitarb. gegen das arbeitgebende Unternehmen einzudämmen. Dabei geht es nicht nur um verschiedene Gegenstände, die man im Alltag brauchen kann und die durchaus überall im Einzelhandel erstanden werden können (z. B. Schraubenschlüssel, Kombizangen, spezielle Schutzhandschuhe, aber auch so banale Dinge wie Toilettenpapier, Kaffee etc.). Sondern es geht auch um die Produktions- oder Vertriebsgüter selbst, die oft mit hohen Erträgen „schwarz" verkauft werden können. Man denke dabei insbesondere an alles, was klein, leicht zu transportieren und gut zu verstecken ist: Kleingeräte der Elektronik (z. B. Handys, Palm-Tops), Computer-Komponenten (z. B. Arbeitsspeicher, Prozessoren, Festplatten), CDs oder DVDs (z. B. Filme, Musik-CDs, Computer-Programme, die alle besonders sensibel sind *vor* vereinbarten Veröffentlichungsterminen!). Schließlich geht es häufig auch um den Schutz des geistigen Eigentums des Auftraggebers selbst: Dann nämlich, wenn es z. B. um die Sicherung von Forschungs- und Entwicklungsabteilungen geht.

Zu beachten ist bei Personenkontrollen stets die durch Art. 1 GG geschützte Würde des Menschen: Kontrollen am Menschen selbst dürfen ausschließlich berührungslos durchgeführt werden. Wenn das nicht reicht– also in Zweifelsfällen, und dann nur in solchen Fällen des konkreten Verdachts auf Diebstahl (!) – dann können Kontrollen mit Körperabtastung nur durchgeführt werden

1. mit dem Einverständnis der zu kontrollierenden Person,
2. niemals mit nur einer Kontrollkraft, die allein mit der zu kontrollierenden Person wäre, und
3. nur durch eine gleichgeschlechtliche Person.

Ist die fragliche Person nicht einverstanden mit derartigen Kontrollen unmittelbar am Körper, so müsste unter Aussprache des Verdachts die Polizei hinzugezogen werden. Andernfalls muss man eine solche Person nach Durchführung der betriebsüblichen Personenkontrollen gehen lassen.

Und selbst in dem Falle, dass Sie eine Person im Rahmen von Kontrollen überführen, ist zu beachten: Der Mitarb. eines Unternehmens ist von Person bekannt; es liegen dem Unternehmen alle notwendigen persönlichen Daten zu dieser Person vor. Wenn nicht der Verdacht begründet werden kann, dass eine Fluchtgefahr besteht, die die Umsetzung der Rechte des Unternehmers ggü. dem rechtsbrüchigen Mitarb. gefährdet, so muss man einen solchen Mitarb. nach der Feststellung seiner Identität (Verwechselungsgefahr mit anderen Personen *muss* natürlich definitiv ausgeschlossen sein) auf jeden Fall gehen lassen und hat **keinen Grund zur vorläufigen Festnahme** im Wege der Selbsthilfe!

Gerade in einem solch sensiblen Bereich der Unternehmenssicherung muss der auftraggebende Unternehmer sich darauf verlassen können, dass der Sicherheitsdienstleister die Grenzen des Anstandes, gesetzliche Rahmenbedingungen und die Grenzen des durch das Unternehmen erteilten Teilauftrags, die Personenkontrollen betreffend, nicht überschreitet. Hier taucht also im Fallbeispiel zum ersten Mal die Frage nach Treu und Glauben auf.

Der Schichtführer Auge verhält sich hier zunächst vollkommen korrekt, indem er sogar den Produktionsführer, als dieser mit der Forderung nach erweiterten Personenkontrollen konfrontiert, noch einmal auf verschiedene Probleme hinweist, die sich für den Sicherheitsdienstleister oder auch für das beauftragende Unternehmen einstellen könnten.

## 2.

**231**    Der Sicherheitsdienstleister ist an die Grenzen des Auftrags durch den Kunden gebunden. § 34a Abs. 5 Satz 1 GewO liest sich in einem der Bedingungspunkte w. f.: *„Der Gewerbetreibende und seine Beschäftigten dürfen bei der Durchführung von Bewachungsaufgaben gegenüber Dritten nur [...] die ihnen vom jeweiligen Auftraggeber vertraglich übertragenen Selbsthilferechte [...] eigenverantwortlich ausüben."* Wenn nun die Einbeziehung des BR in solche Angelegenheiten gesetzliche Notwendigkeit oder betriebliche Gepflogenheit ist, dann wird auch der Sicherheitsdienstleister in diese (innerbetrieblichen) Schranken gewiesen.

Die Beauftragung des Sicherheitsdienstleisters zu dieser kurzfristigen und zeitlich begrenzten Erweiterung kann nicht in der Form erfolgen, dass ein Mitarb. des beauftragenden Unternehmens (hier z. B. der Produktionsleiter) sich an einzelne Mitarb. des Sicherheitsdienstleisters wendet und eine unmittelbare Anweisung ausspricht. In den meisten Fällen nämlich wird ein **Dienstvertrag** mit dem Sicherheitsdienstleister abgeschlossen, der auf die Erbringung einer bestimmten, im Vertrag beschriebenen Leistung verpflichtet. Normalerweise muss also eine Auftragsänderung (die dieser Fall im strengen Sinne ist) an den Geschäftsführer, den Niederlassungsleiter, Bereichsleiter oder Einsatzleiter des Sicherheitsunternehmers gegeben werden, so dass dieser dann sein Personal konkret anweisen kann. Wenn man für den Fall, dass der zeitliche Verzug einer Umsetzung schädlich wäre, vereinbart hat, dass der jeweilige Schichtführer vor Ort mit der Umsetzung einer Auftragsänderung konfrontiert werden kann und in welchem Rahmen dieses geschehen darf, so

**verletzt das aber den Dienstvertrag nicht.**

In der Praxis wird das häufig übersehen. Da werden Anweisungen direkt an einzelne Sicherheitsmitarb. ausgegeben, die Umsetzung wird unmittelbar verlangt. – Dass man damit in den Bereich der Arbeitnehmerüberlassung gelangt, machen sich die Mitarb. der Auftrag gebenden Unternehmen dann oft gar nicht bewusst: Direkte Anweisungen an die Mitarb. eines anderen Unternehmens sind nur dann zulässig, wenn ausdr. die Überlassung von Arbeitnehmern an den Auftraggeber vereinbart ist und damit die Mitarb. in die Verantwortung des Auftraggebers übergehen: Spricht ein Vorgesetzer nun eine Anweisung aus, so ist dieser Vorgesetzte bzw. dessen Arbeitgeber im Schadensfall auch verantwortlich für den Schaden. Ein wie auch immer geartetes Risiko, dass der Auftragnehmer (also z. B. der Personaldienstleister, der einen Arbeitnehmer überlässt) nicht kennt, weil ihm die konkrete Arbeitsanweisung gar nicht bekannt ist, der kann dieses Risiko auch nicht verantworten.

Nun ist es natürlich das gute Recht des Herrn Auge, eine klare schriftliche Beauftragung zu verlangen – und das sichert ihn auch ab, so dass er damit auf jeden Fall richtig handelt.

3.

Auge verletzt dann den Vertrag mit dem auftraggebenden Un- ternehmen in zweierlei Hinsicht:

A. Die Tatsache, dass er eigenmächtig die Umsetzung der kundenseitigen Anweisung aussetzt (obgleich er den Auftrag als verstanden und als praktisch umgesetzt erklärt), verletzt das Vertragsverhältnis nach „Treu und Glauben"und auch die gegenseitigen Vertragspflichten nach § 611 BGB: Das berechtigte Vertrauen des Produktionsleiters, dass die 100-%-Kontrollen auch wirklich sofort abgebrochen werden, wird verletzt. Es heißt „Treu und Glauben" – so will ich anhand dieses Beispiels einmal aufklären, was dieser etwas vermottet klingende Begriff erfassen will – weil auf der einen Seite die Treuepflicht zum Vertragspartner, auf der anderen Seite das berechtigte Vertrauen, der „Glaube", in diese Treue des Vertragspartners steht.

B. Er handelt unbestreitbar schikanös. Aber in diesem Fall bemüht die Rechtsprechung wegen des Vertragsverhältnisses, das zwischen dem Produktionsunternehmen und dem Sicherheitsunternehmen besteht, gar nicht den § 226 BGB, das Schikaneverbot betreffend. Der Schichtleiter Auge handelt unter Vortäuschung eines Rechtsgrundes (er wird dem Kiebig ggü. behaupten, was bis eben auch noch gefordert war, nun aber nicht mehr gilt!) und unter Vortäuschung der angeblich vom Auftraggeber eingeräumten Berechtigung, in dieser Weise zu handeln (Palandt, § 242 Rn. 20, 38 und 50, fallbezogen ausgelegt): Er handelt vertragswidrig.

Auch wenn hier einiges im Detail nicht so ganz sauber gelaufen war, um ein schnelles Eingreifen zu ermöglichen, so bleibt doch eines allem voran: Der Sicherheitsdienstleister hat sich an die Grenzen des Auftrags zu halten.

# Der Besitzdiener

Ich möchte dieses Kapitel mit einem Fallbeispiel einleiten:

**234** Der Gruppenleiter Facility Management, Wilfried Locker, verabschiedet sich am Freitag mittag in der Pforte vom Wachpersonal und sagt dem Wachhabenden beiläufig: „Ach, und der Horst aus der Weiterverarbeitung, der kommt morgen und stellt hier für eine Woche sein Auto auf den Innenhof. Sonst steht der Wagen da jeden Tag in der Innenstadt am Straßenrand. Der hat ja Zuhause keine Garage. – Der macht eine Woche Urlaub...!" – Herr Locker flattert mit den Händen und schaut lachend unter die Zimmerdecke – „... unter der spanischen Sonne! – Schönes Wochenende dann."

Einer solchen Weisung kann man dann schon nachkommen. Das ist sicherlich als problemlos anzusehen. Und zwar dann, wenn das Betriebsgelände die Möglichkeit bietet, dass Herr Horst Heiter sein Fahrzeug in der Weise dauerhaft abstellen kann, dass auch im Notfall eine Beeinträchtigung nicht zu befürchten ist.

**235** Wilfried Locker kommt erbost in die Pforte und stampft: „So, das war das dritte und letzte Mal: Wenn der Horst Heiter jetzt noch *einmal* hier im Innenhof parkt, dann lasst Ihr den sofort abschleppen! Die haben da draußen Parkfläche genug – da dürfen die stehen! Das hat sich die Blitz-Montage im Sommer noch 50.000 Euro kosten lassen, dass die Fahrwege wieder ordentlich befahrbar sind – aber die paar Meter werden sie dann halt mal noch laufen müssen, auch wenn's regnet. Und das gilt auch für den Heiter! – Aber das muss dem ja erstmal richtig weh tun, dann lernt der auch, wo die Parkplätze sind..."

Da wird es dann jetzt schon heikel! Denn nun stellt sich die Frage: War das ein Zornesausbruch oder war es eine klare Willensbekundung, die auch vonseiten des Kundenunternehmens vertreten wird? Mit welchen Kompetenzen ist die Überwachung und Durchsetzung der Parkordnung der Betriebsstätte an den Sicherheitsdienstler übertragen worden? Werden die Mitarbeiter des Sicherheitsdienstes nun dazu verleitet, ihre vertraglichen Kompetenzen zu überscheiten? Werden sie gar – je nach dessen Verhalten – nachgerade genötigt, ihre Kompetenzen zu überschreiten?

Wenn der Herr Heiter den Kopf unter die Arme nimmt, die 150 oder 250 Euro an den Abschleppdienst zahlt, um sein Auto wieder auszulösen, und dann schuldbewusst lieber das Thema nicht mehr anspricht, dann sei es drum. Aber wehe, Herr Heiter macht geltend, man hätte ihn ja wenigstens mal anrufen können – „... dann hätte ich mein Auto ja mal eben umparken können..." Und wenn Herr Heiter darauf besteht, dass er die Kosten nicht bezahlen werde, die beim Abschleppdienst entstanden sind.

**236** Herr Locker hat das plötzlich nie so gesagt, weil er wiederum seinem Vorgesetzten ggü. den Fall nicht durchboxen will – die jüngste Kündigungswelle hat jeden Mitarbeiter im Unternehmen verschüchtert und dem Motto verschrieben: „Nicht negativ auffallen – kein Aufsehen erregen – überleben, solange es noch geht".

Um sein Fahrzeug erst einmal zurück zu bekommen, bezahlt natürlich der Heiter die Kosten für das Abschleppen bei dem Abschleppdienst. Dann aber verklagt er seinen Arbeitgeber, die „Blitz-Montage AG", auf Erstattung dieser Kosten. Nun könnte sich die Blitz-Montage etwaig darauf berufen, den Auftrag nicht erteilt zu haben, das Fahrzeug des Heiter abzuschleppen. Aber der Vorgesetzte Peer-Aal Glatt kennt ja seinen Mitarbeiter, den Wilfried Locker – und er kennt sein bisweilen recht emotionales Gebaren.

Also zahlt Herr Glatt dem Herrn Heiter den Betrag bar aus und vermeidet somit weitere Kosten für rechtsanwaltliche Vertretung und für Gericht. Daraufhin zieht Herr Heiter seine Klage zurück. Aber dem Locker steckt Herr Glatt: „Regeln Sie das! Wenn das als Negativ-Posten in der Jahresbilanz aufzufinden ist, dann können Sie sich warm anziehen!"

Herr Locker wendet sich also an den Sicherheitsdienstleister – und bestreitet, je eine dahin gehende Anweisung ausgesprochen zu haben. Und als der Einsatzleiter des Sicherheitsunternehmers die Aussage seines Mitarbeiters entgegen hält, da poltert Locker nur: „Das muss dem doch klar gewesen sein, dass er das nicht wörtlich umsetzen kann: Das muss dem doch klar sein, dass wir nicht einfach ein Auto abschleppen lassen können!" Außerdem habe er ja keine schriftliche Anweisung gegeben.

Was macht der Locker da faktisch? Er wendet – rechtlich gesehen – den Mangel der Ernsthaftigkeit ein: **237**

§ 118 BGB: *„Eine nicht ernstlich gemeinte Willenserklärung, die in der Erwartung abgegeben wird, der Mangel der Ernstlichkeit werde nicht verkannt werden, ist nichtig."*

Der Sicherheitsdienstleister akzeptiert also die Aufrechnung mit der nächsten Monatsabrechnung. Natürlich steht für den Sicherheitsdienstleister das Interesse im Vordergrund, den Bewachungsauftrag langfrstig zu halten. Aber für seinen Mitarbeiter ist die Geschichte noch längst nicht vorüber: Ihm müsse doch klar sein, dass der Kunde ihm gar keine unmittelbaren Anweisungen geben darf!

Gleichgültig, ob der Sicherheitsdienstler eigenständig aufgrund der Vertragsvereinbarungen mit dem Kunden die nötige Eigenständigkeit besitzt oder ob der Auftrag, das Fahrzeug durch einen Abschleppdienst entfernen zu lassen, unmittelbar **238** vom Kundenunternehmen ausgehen müsste: In jedem Fall ist das Abschleppen dann eine unzulässige Besitzstörung (§§ 858, 862 BGB) ggü. dem Fahrzeughalter, wenn der Mitarbeiter kurzfristig erreichbar gewesen wäre, um das Fahrzeug zu entfernen, oder aber wenn das Fahrzeug gar nicht Betriebsablauf oder Notfallbewältigung behindert!

Heiter wird in seinem Besitz gestört; dazu ist der Arbeitgeber nur berechtigt, wenn das Gesetz ihn dazu bemächtigt (§ 858 Abs. 1, 2. Halbsatz BGB). Wann könnte das Gesetz den Arbeitgeber dazu bemächtigen? Das sind ja schließlich doch hohe Kriterien!

Damit sind im Wesentlichen Fälle der Zwangsvollstreckung gemeint, die in diesem Fall gar nicht anwendbar sind.

**Eine wesentliche Beeinträchtigung des Arbeitgebers, also eine wesentliche Besitzstörung könnte dennoch den Arbeitgeber legitimieren, das Fahrzeug abschleppen zu lassen.**

**239** Fallabwandlung: Heiter stellt sein Fahrzeug innerhalb des Betriebsgeländes (wo ein grundsätzliches Parkverbot herrscht) auf die Abdeckung eines Schachtes, in dem sich verschiedene Anschlussstutzen für die Anlieferung produktionswichtiger Flüssigkomponenten befinden. Dann wird er von seinem Vorgesetzten damit beauftragt, sich einen Dienstwagen zu nehmen und ein wichtiges Ersatzteil aus einer etwa 100 km entfernten Stadt abzuholen, damit durch eine eilige Reparatur der Produktionsablauf aufrecht erhalten werden kann. Heiter vergisst es, sein Fahrzeug anderweitig zu parken und ist bereits unterwegs, als einer der Lieferanten mit einer Flüssigkomponente zur Anlieferung kommt.

**240** § 858 Abs. 1 BGB: *„Wer dem Besitzer ohne dessen Willen den Besitz entzieht oder ihn im Besitz stört, handelt, sofern nicht das Gesetz die Entziehung oder die Störung gestattet, widerrechtlich (verbotene Eigenmacht)."*

– § 860 BGB: *„Zur Ausübung der dem Besitzer nach § 859 zustehenden Rechte ist auch derjenige befugt, welcher die tatsächliche Gewalt nach § 855 für den Besitzer ausübt."*

– § 855 BGB: *„Übt jemand die tatsächliche Gewalt über eine Sache für einen anderen in dessen Haushalt oder Erwerbsgeschäft oder in einem ähnlichen Verhältnis aus, vermöge dessen er den sich auf die Sache beziehenden Weisungen des anderen Folge zu leisten hat, so ist nur der andere Besitzer."*

– § 859 Abs. 1 BGB: *„Der Besitzer darf sich verbotener Eigenmacht mit Gewalt erwehren."*

**241** Der Unternehmer entzieht dem Heiter den Besitz (an dessen Fahrzeug, indem er dieses durch einen Abschleppdienst entfernen und fortschaffen lässt). Er hält aber entgegen, dieses nicht widerrechtlich zu tun, sondern er sei durch § 858 Abs. 1, 2. Halbsatz BGB dazu per Gesetz berechtigt. Und zwar Kraft der Selbsthilfe des Besitzers, nachdem Heiter ihn in seinem Besitz gestört habe: Durch das Verhalten des Heiter sei die ungestörte Anlieferung produktionswichtiger Komponenten vereitelt worden. Die vollständige Entfernung des Fahrzeugs begründet er damit, dass auf dem Betriebsgelände selbst nicht geparkt werden dürfe und auf den Parkplätzen der Abschleppdienst nicht die Möglichkeit gesehen habe, das Fahrzeug abzusetzen, ohne dabei ggf. andere Fahrzeuge zu beschädigen.

Wenn der Abschleppdienst ein Fahrzeug mit auf sein Betriebsgelände nimmt, dann ist die erbrachte Leistung nicht nur das Abschleppen, sondern auch eine Verwahrung einschl. der regelmäßigen Obhutspflichten des Verwahrers!

§ 229 BGB: *„Wer zum Zwecke der Selbsthilfe eine Sache wegnimmt [...] handelt nicht rechtswidrig, wenn obrigkeitliche Hilfe nicht rechtzeitig zu erlangen ist und ohne sofortiges Eingreifen die*

*Gefahr besteht, dass die Verwirklichung des Anspruchs vereitelt oder wesentlich erschwert wird.*" Zurück zur ursprünglichen Fallvariation, befand sich hier der Werkschützer in einem regelgerechten Irrtum, denn die Erschwernis der Verwirklichung spielt sich eher auf der psychologischen Ebene ab: Es geht wohl eher um den Glaubwürdigkeitsverlust des Unternehmers ggü. seinem renitenten Mitarbeiter Heiter, dem er aber natürlich noch auf anderen – etwaig auf der Grundlage des Arbeitsrechts auf disziplinarischen Wegen – beikommen kann. Im schlimmsten Falle kann die obrigkeitliche Hilfe auf dem Klagewege hinzugezogen werden (z. B. Unterlassungsklage) – Gefahr im Verzug aber bestand nicht, weil Herr Heiter mit seinem zum Parken abgestellten Fahrzeug niemanden unmittelbar behindert, ja nicht einmal mittelbar, sondern er stört nur die Regelordnung des Unternehmens, die natürlich durchgesetzt werden muss, damit nicht jeder Mitarbeiter (außer der berechtigten leitenden Angestellten) einen Anspruch auf einen Parkplatz auf dem Innenhof erheben will.

Weil aber keine Gefahr im Verzug ist, ist nicht einmal der § **242** 229 BGB anwendbar. Nichts desto trotz bleibt die Schadensersatzpflicht des im Irrtum der Selbsthilfe Handelnden bestehen: hierzu Palandt (§ 231 Rn. 1): *„Auch wenn der Handelnde sich aus Gründen zur Selbsthilfe befugt gehalten hat, die nicht in § 229 angeführt sind, ist § 231 anzuwenden.“* D. h. nichts anderes als: ... wenn der Handelnde in dem gänzlichen Irrtum über die Selbsthilfe (hier: des Besitzdieners) gehandelt hat...

Ich möchte nun den § 231 BGB hinzuziehen, denn mit Verwirrung ist zu rechnen: *„Wer eine der in § 229 bezeichneten Handlungen in der irrigen Annahme vornimmt, dass die für den Ausschluss der Widerrechtlichkeit erforderlichen Voraussetzungen vorhanden seien, ist dem anderen Teil zum Schadensersatz verpflichtet, auch wenn der Irrtum nicht auf Fahrlässigkeit beruht.“*

„Mmh?" werden Sie nun vielleicht auf den ersten Blick erst einmal mit der Stirn runzeln. Denn die Fahrlässigkeit ist doch überlicherweise zumindest ein entlastendes Moment, wenn auch nicht ein stets gänzlich befreiendes. Hier befreit die Einrede der Fahrlässigkeit gar nicht!

Ein Irrtum kann ja selbstredend unter der Bedingung des Vor- **243** satzes nicht greifen; selbst ein Irrtum unter den Bedingungen der groben Fahrlässigkeit ist zu verneinen: Es würde bedeuten, sich der Überprüfung von Umständen zu verweigern, die leicht und schnell geklärt werden könnten („Nein, sag's mir nicht! Ich will es nicht wissen!" oder „Nein, wenn wir den soundso dafür anrufen, dann war's das: Der macht das nicht mit! Dann weiß ich lieber von nichts und zieh das jetzt so durch!"). Also ist beim § 231 BGB tatsächlich und ungewöhnlicherweise die Fahrlässigkeit die höhere Hürde. Palandt stellt fest, dass nach herrschender Meinung Deliktsfähigkeit nicht erforderlich sei und es sich nach dem Ansinnen der Gesetzgebung um einen Fall der *Gefährdungshaftung* handelt (Palandt, § 231 Rn. 1).

Diese Haftungsverpflichtungen, die sich aus dem Verhalten der Sicherheitsmitarbeiter ergeben, gehen auf den Sicherheitsunternehmer über! Zwar kann der Sicherheitsunternehmer von seinen Mitarbeiter ggf. im Innenverhältnis, also auf der Grundlage des Arbeitsvertrags wiederum Schadensersatz fordern – aber im Außenverhältnis, also in Bezug auf seine Kundenunternehmen oder in Bezug auf unbeteiligten Dritte, ist zunächst der Sicherheitsunternehmer verpflichtet!

Ein kleiner Schwenk in einen anderen Themenbereich, um den Begriff der Verantwortungsfähigkeit zu klären:

Einem Verweis im Palandt folgend, hilft ein Blick in die §§ 827 und 828 BGB zum weitergehenden Verständnis. Wenngleich Palandt den Begriff der Deliktsfähigkeit verwendet, ist nach der Systematik und inneren Logik des Zivilrechts in den §§ 827 und 828 BGB die Rede von *Verantwortung*. § 827 BGB regelt die verminderte oder ausgesetzte Verantwortungsfähigkeit bei Bewusstlosigkeit oder eingeschränkter Bewusstseinsfähigkeit. § 828 BGB zeigt die eingeschränkte Verantwortungsfähigkeit Minderjähriger auf.

Für den geistig Behinderten z. B. bedeutet dies, dass es zu verhindern ist, diesen unbeaufsichtigt zu lassen, wenn man davon ausgehen muss, dass er – und sei es indirekt – eine Gefahr für Dritte darstellt. Für den Betrunkenen heißt dies, dass er sich nicht dadurch entlasten kann, dass er betrunken war: Vielmehr wird unterstellt, dass die bewusstseinstrübende Wirkung des Alkohols hinlänglich bekannt ist, so dass der Betrunkene von sich aus verhindern muss, in eine Situation zu geraten, in der er Dritte gefährdet.

Was bedeutet dieses Kauderwelsch in der Praxis? Der geistig Behinderte wird in einer eingefriedeten Parkanlage sicherlich allein spazieren gehen können. Ist aber erkennbar, dass das Verkehrsverhalten des Behinderten nicht zumindest dem sechs- bis achtjährigen Kind vergleichbar konditioniert werden kann, so wird man ihn nicht allein im Straßenverkehr laufen lassen können. – Der Verursacher eines Verkehrsunfalls kann sich nicht schadlos halten mit der Verteidigung, er sei so stark betrunken gewesen, dass er nicht einmal mehr habe realisieren können, dass er mit dem Führen des Fahrzeugs im betrunkenen Zustand gegen die Straßenverkehrsordnung verstoße.

Was also kann der Mitarbeiter des Sicherheitsdienstes tun, wenn er erkennen muss, dass eine Anweisung ausgesprochen wird, die durch die bisherige Dienstanweisung nicht gedeckt ist oder zumindest nicht gedeckt erscheint? Eine schriftliche Anweisung anfordern und umgehend an den Arbeitgeber, also an verantwortliche Mitarbeiter des Sicherheitsdienstleisters (mindestens Einsatzleitung) übermitteln.

Andernfalls handelt der Mitarbeiter mit der Konsequenz **245**
*eigenmächtig*, dass er einen Nachteil gegen sich selbst und persönlich wirken lassen muss.

Aus diesem Grunde – damit der Sicherheitsdienstleister wiederum in ihn selbst bzw. das Sicherheitsunternehmen entlastender Weise die Haftungsfrage klären kann – verpflichtet der Sicherheitsdienstleister seine Mitarbeiter bereits im Arbeitsvertrag auf die Befolgung der allg. und der spezifischen (= objektbezogenen) Dienstanweisungen.

Nun kann der Werkschützer natürlich nicht zu einem Kundenmitarbeiter sagen: „Das brauch ich schriftlich! Sonst halten Sie sich, wenn es hart auf hart kommt, ohnehin nicht an Ihr Wort...“ Aber *denken* darf er das – und sagen: „Das brauch ich schriftlich! ... sonst bekomme ich Probleme mit meinem Arbeitgeber!“ Möglicherweise bezieht man sehr menschlich, unmittelbar und persönlich ein: „Das tun Sie mir doch nun bitte nicht an!“ Möglicherweise erläutert man auch nur die rechtliche Grundlage: „Ich bin nicht befugt, mündliche Anweisungen entgegen zu nehmen, wenn sie nicht ausdr. der uns vorliegenden Dienstanweisungen entsprechen.“ So oder so wird mit der Bitte um die Schriftlichkeit einer solchen Anweisung für den betreffenden Mitarbeiter des Auftraggebers unmissverständlich klar gemacht, dass es nun um das verantwortliche Eintreten für eine Anweisung oder Aufforderung geht. Wenn er sich seiner Sache nicht wirklich sicher ist, wird er von seinem Anliegen ablassen.

Wenn der Auftraggeber die Problematik der Weisungsbefugnis lösen könnte, indem er im Wege der Arbeitnehmerüberlassung Werkschützer anforderte, weshalb wird das dann nicht im Regelfall auch so gemacht? Das ist ein komplexes Thema, das ich im Anschluss an dieses Kapitel nur einmal steifen möchte.


Nun aber einmal zurück mit dem ganzen Fallbeispiel bis dorthin, wo Herr Heiter dreimal fehlerhaft auf dem Innenhof des Unternehmens geparkt hatte:

„Aber“, brummt Locker zornig und hackt dabei mit dem Finger nachdrücklich **246** auf der Empfangstheke der Pforte herum, „wenn der meint, der kann uns ärgern: *Das* können *wir* allemal!“ Und direkt an den diensthabenden Wachmann gerichtet: „Den nehmt ihr jetzt mal bei jeder Personenkontrolle gründlich ran, klar? Wenn der mal 'ne Woche lang sieht, wie die Kollegen fünf Minuten früher nach Hause kommen, weil er immer in der Personenkontrolle hängen bleibt, dann lernt der auch, wie der sich hier zu benehmen hat! Da kann er mich ja dann mal nach fragen...“

Es sei der Abwägung des fraglichen Werkschutzmitarbeiters **247** überlassen, ob er diese „Anweisung“ einfach nicht befolgt oder ob er den Gebäudemanager auf das *Schikaneverbot* aufmerksam macht:

§ 226 BGB: *„Die Ausübung eines Rechts ist unzulässig, wenn sie nur den Zweck haben kann, einem anderen Schaden zuzufügen."*

Und da ich nun schon bei der Position des Werkschutz-Dienstleisters und des Werkschützers bin, möchte ich einen wichtigen Punkt ansprechen, der sich eigentlich von selbst erklären sollte (schon rein menschlich), der aber auch eine gesetzliche Grundlage besitzt – und vor dem sich jeder Mitarbeiter im Werkschutz, quasi „an der Front", hüten sollte: die Schikane.

In diesem Fall nun wäre die Schikane quasi „angewiesen" durch den Auftraggeber – und dennoch muss der Werkschützer erkennen, dass es sich um eine unzulässige Schikane handelt, mit der Folge dass er der Anweisung nicht Folge leisten dürfte.

# Exkurs zur Besitzdienerschaft

Ich halte es für angemessen, auf das Thema der Besitzdienerschaft ausführlicher einzugehen, um die Rechtsposition des Besitzdieners verständlicher zu machen.

Vielleicht nämlich werden Sie für Gesetz und Rechtsprechung um Verständnis ringen, wenn Sie hören, dass ein Dieb den Besitz über eine gestohlene Sache erlangt – aber Sie (z. B. wenn Sie im Werkschutz tätig werden und rechtmäßig eingesetzt sind, um Obacht über fremden Besitz walten zu lassen) niemals Besitz erlangen, auch nicht für die Zeit, die Sie am Objekt verbringen! Und die Erklärung, dass dies ganz einfach aus gesetzlicher Feststellung heraus so ist, wird nicht begreiflicher machen, weshalb ausgerechnet ein Dieb diesen relativ starken rechtlichen Bezug als Besitzer zu der gestohlenen Sache erlangt.

Hätte es denn nicht gereicht, festzustellen, dass der Dieb unrechtmäßig die Gewalt über eine gestohlene Sache ausübt und deshalb formal-juristisch den Besitz über die Sache nicht erlangt? Und fühlte sich dann nicht die Position des Werkschützers einfach besser an, der die tatsächliche Gewalt über die fremde Sache immerhin legitim inne hat?

Zunächst einmal will ich die **248** Kriterien des § 855 BGB zur Besitzdienerschaft durchgehen:
– die tatsächliche Gewalt ausüben: Ein Mitarbeiter bekommt einen Autoschlüssel ausgehändigt mit dem Auftrag, mit dem Zug nach Frankfurt zu fahren und dort am Flughafen das Auto des Chefs abzuholen; der Werkschützer bekommt den Generalschlüssel zu einem Fabrikstandort ausgehändigt.
– für einen anderen: Die Sache, über die jemand die Gewalt ausübt, gehört jemand anders, sei es nun ein Auto, ein Gemälde (bewegliche Sachen) oder ein Fabrikgelände (eine unbewegliche Sache, also eine so genannte Immobilie).
– Abhängigkeitsverhältnis: **249** Jemand ist „in dessen Haushalt oder Erwerbsgeschäft" beschäftigt (Haushälterin, Kinderbetreuerin; Verkäuferin...) oder „in einem ähnlichen Verhältnis" abhängig (z. B. der Werkschützer des Sicherheitsdienstleisters).
– an die Weisungen des anderen gebunden: Jemand muss **250** sich im Umgang mit der Sache an die Anweisungen oder die Regeln des anderen halten; d. h. er kann nicht frei entscheiden in Bezug auf die fremde Sache.
– FOLGE: „so ist der andere Besitzer" – der andere ist derjenige, der die Sache zeitlich begrenzt und auf einen bestimmten Zweck hin eingeschränkt überlassen hat.

Nach dem Wortlaut des Gesetzes erlangt damit der so genannte Besitzdiener keinerlei Besitz. Die Rechtslehre spricht davon, dass der „unmittelbare Besitz" bei dem so genannten Besitzherrn verbleibt (Palandt, § 855 Rn. 4). Da könnte man nun einmal zu dem Schluss kommen, dass der Besitzdiener folgerichtig immerhin „mittelbaren" Besitz erlangt: Der Besitzdiener ist zwar an die Weisungen des Besitzherrn gebunden (Mittelbarkeit), aber er übt ja die tatsächliche Gewalt aus.

**251** Mittelbaren Besitz aber begreift die Gesetzgebung anders: § 868 BGB :

„Besitzt jemand eine Sache als Nießbraucher, Pfandgläubiger, Pächter, Mieter, Verwahrer oder in einem ähnlichen Verhältnis, vermöge dessen er einem anderen ggü. auf Zeit zum Besitz berechtigt oder verpflichtet ist, so ist auch der andere Besitzer (mittelbarer Besitz)."

Ergibt sich nun ein Anhaltspunkt, aus „einem ähnlichen Verhältnis, vermöge dessen [jemand] einem anderen ggü. auf Zeit zum Besitz [...] verpflichtet ist", um die Besitzstellung des Sicherheitsmitarbeiters abzuleiten? Denn da der Sicherheitsmitarbeiter ja eben nicht mit dem Kundenunternehmen arbeitsvertraglich verbunden ist, mutet es vielleicht komisch an, die Kriterien der Besitzdienerschaft anzuwenden?

Alle unter § 868 BGB genannten Besitzertypen sind jedoch solche, die in einem bestimmten, vertraglich vereinbarten Rahmen eigenständig und eigenverantwortlich handeln können und auch handeln müssen.

Ich will unter allen Genannten den Mieter heraus greifen. Der Mieter einer Wohnung hat das Recht, die Wohnung nach seinen eigenen Wünschen zu gestalten, dort Gäste nach seinem eigenen Gutdünken zu empfangen (solange er diese nicht gewerblich empfängt; d. h. z. B., dass ein „Wohnraum" nicht gewerblich als Hotel oder Fremdenzimmer genutzt werden darf) und sich selbst darin nach seinem ganz eigenen Gutdünken aufzuhalten (solange er die Regeln der gegenseitigen Rücksichtnahme innerhalb eines Hauses wahrt). Das heißt natürlich auch, dass der Mieter ureigene und geschützte Rechte in Bezug auf die gemietete Sache (hier eine Wohnung) ausüben kann, die sich dem Einfluss des Vermieters entziehen.

**252** Der Sozialhilfeempfänger und einstige Unternehmer Brotlos leidet sehr darunter, dass er kein Haus mit eigenem Garten mehr hat. Da kommt er endlich auf die Idee, wenigstens in dem Wohnungsflur seiner Mietwohnung eine echte Grasfläche anzulegen und zu pflegen. Er trägt unmittelbar auf dem rohen Estrich eine dünne Erdschicht auf und säht Gras ein. Sechs Wochen später beklagt sich der Mieter der darunter liegenden Wohnung beim Vermieter über Feuchtigkeitsflecken an der Decke seiner Wohnung.

Der Vermieter wird natürlich die Entfernung der Grasfläche und Schadensersatz verlangen, weil der Brotlos in unsachgemäßer Weise Gebrauch von der Wohnung gemacht hat.

Wenn der Gebrauch in einer nicht vereinbarten oder nicht üblichen Weise stattfindet, dann ist das Recht des mittelbaren Besitzers das stärkere.

Aber auch dann, wenn es ein übergeordnetes Interesse des mittelbaren Besitzers gibt, dann ist sein Besitzrecht ggü. dem des unmittelbaren Besitzers das stärkere: Der Vermieter eines 55 Jahre alten Hauses will die nun auch schon 27 Jahre alten, doppelt verglasten Fenster gegen neue Fenster austauschen, die aktuellen Standards der Wärmedämmung gerecht werden. Der Mieter muss die Maßnahme dulden.

Es ist nun also leicht einzusehen, dass der mittelbare Besitzer beschränkte, aber ggf. direkt durchgreifende Rechte an dem Besitz hat – und dieses, obgleich er nicht die unmittelbare Gewalt über die Sache inne hat.

Dennoch hat grungsätzlich der unmittelbare Besitzer die stärkeren Rechte an der Sache – und zwar im Falle des Mieters einer Wohnung z. B. nicht nur nach den Bestimmungen des BGB, sondern auch auf der Grundlage des Artikels 13 des Grundgesetzes, dem gemäß die Unverletzlichkeit der Wohnung garantiert wird.

Ein weiteres Beispiel: Der in § 868 BGB erwähnte Verwahrer.

Ein einfacher und immer stärker **253** verbreiteter Fall ist die Verwahrung von Sommer- oder Winterreifen bei der Werkstatt, die auch den Wechsel der Reifen vornimmt. Der Verwahrer geht die Verpflichtung ein, die Reifen in demselben Zustand wieder an Sie zu übergeben, wenn die Verwahrungszeit vorüber ist. Sie haben nicht das Recht, etwa (vielleicht, da es sich ja schließlich um einen Sommerreifen handelt) selbstverständlich die Verwahrung in einer beheizten Halle zu unterstellen. Es müsste schon ausdr. vertraglich so vereinbart sein, um eine bestimmte Art der Lagerung verlangen zu können, da eine temperierte Lagerung sachlich nicht erforderlich ist und deshalb auch nicht selbstverständlich unterstellt werden kann. Im Übrigen ist der Reifenhändler als Verwahrer auch nicht verpflichtet, einen bestimmten Ort der Verwahrung zu garantieren. Zieht der Reifenhändler, weil er expandieren will, in andere Räumlichkeiten und in einen anderen Ortsteil um, so reicht die Mitteilung an Sie, dass sich die Reifen nun da oder dort befinden. Wenn dadurch die Wiedererlangung der Reifen für Sie nicht unzumutbar aufwändig geworden ist, so ist das nicht vertragswidrig. (Jedoch wäre natürlich ein Umzug Ihres Reifenhändlers von Kassel nach Hannover sicherlich nicht mehr im Rahmen des Üblichen zu sehen: 165 km trennen die Standorte. Ihr Reifenhändler müsste wohl Offerten an Sie richten, wie Sie ohne Mehraufwand Ihre Reifen zurückerlangen können – schlimmstenfalls sollte er vor dem Umzug seines Unternehmens den Verwahrungsvertrag kündigen.)

Mit einem anderen Beispiel will ich noch die Unterscheidung der Besitzdienerschaft gemäß § 855 BGB zur Besitzmittlung gemäß § 868 BGB beleuchten, dann soll es zum Verständnis reichen.

Wird ein Dienstwagen immer **254** nur zu dienstlichen Zwecken überlassen und muss dieser stets zum Ende eines Arbeitstages oder einer Dienstreise wieder auf dem Betriebsgelände abgestellt werden, so unterliegt die Nutzung des Fahrzeugs dem § 855 BGB zur Besitzdienerschaft; wird ein Dienstwagen jedoch auch zur privaten Nutzung überlassen, so wird der Arbeitnehmer unmittelbarer Besitzer und so genannter Besitzmittler zugunsten seines Arbeitgebers: Der Arbeitgeber hat mittelbaren Besitz an dem Dienstfahrzeug gemäß § 868 BGB.

Folglich ist nun also auch der Besitzdiener auf gar keinen Fall ein Inhaber mittelbaren Besitzrechts. Und das nicht nur, weil das Gesetz die Abfolge der Mittelbarkeit anders abgestuft hat (siehe: Der Vermieter, der als Eigentümer eines Hauses an sich das stärkere Recht des Eigentums inne hat, ist der nur mittelbare Besitzer mit beschränkten Durchgriffsrechten!). Sondern insbondere deshalb, weil der Besitzdiener *gar keine* eigenen Bestimmungsrechte hat: Der Besitzdiener ist weisungsgebunden!

**255** Ein Passant betritt die Pforte eines Produktionsbetriebes und bittet, die Toilette aufsuchen zu dürfen. Liegt es nun in der eigenständigen Entscheidungsgewalt des Werkschützers, ihm dieses zu erlauben?

Nein! Sondern der Besitzer des Produktionsbetriebes hätte kein Verweigerungsrecht, wenn jemand darum bittet, auf einer Toilette dringende Notdurft verrichten zu dürfen. Der Werkschützer hat die etwaig notwendigen Sicherheitsmaßnahmen zu treffen (auch hier Weisungsgebundenheit), um dann (stellvertretend für den rechtmäßigen Besitzer) die Benutzung einer Toilette zu dulden.

Ein anderes Beispiel:

**256** Der Sicherheitsdienstleister ist beauftragt, nach Ende der Spätschicht das Betriebsgelände nach außen hin und alle Gebäude abzuschließen und erst wieder zur Frühschicht aufzuschließen. Mitarbeiter, die sich nach 22:30 Uhr noch auf dem Gelände befinden, sind laut Dienstanweisung am nächsten Arbeitstag der Personalabteilung zu melden.

Um 23:30 Uhr eines Freitag Abends kommt noch einmal der Produktionsleiter und bittet um Einlass: Er habe versehentlich seine Jacke hängen gelassen und wolle also noch einmal in sein Büro. Als nun einer der Werkschützer zum Meldeformular greift, um Namen und Zeit zu erfassen, da raunt der Schichtleiter: „Mensch, Du kannst da doch jetzt keine Meldung raus machen!"

**257** Verbotene Eigenmacht! Es gibt eine klare Anweisung, die keine Ausnahmen vorgesehen hat, und zwar ohne Rang und Ansehen der betreffenden Personen.

Der Besitzdiener, welche Situation auch immer man hinzu zieht, erringt keine auch noch so geringe Besitzereigenschaft. Es handelt sich um ein Verhältnis der umfassenden Unterordnung unter die Rechte (und Pflichten) des unmittelbaren Besitzers!

Im Rahmen der Besitzdienerschaft lässt der rechtmäßige Besitzer andere für sich handeln und lässt dadurch, auch wenn er selbst nicht die tatsächliche Gewalt über die Sache übt, seine Herrschaft über die Sache fortleben!

Darin liegt dann auch der Unterschied zur verbotenen Eigenmacht: Die Herrschaft des rechtmäßigen Besitzers über die Sache ist real unterbrochen, wenn jemand verbotene Eigenmacht über die fremde Sache übt.

§ 858 Abs. 1 BGB:

*„Wer [...] den Besitz entzieht [...]"*

**258** – z. B.: Der gewerbliche Hilfsmitarbeiter Freddi Flott soll ein Dienstfahrzeug der oberen Mittelklasse mit üppiger Motorisierung zur Waschstraße fahren, dort waschen lassen, saugen, und spätestens in einer Stunde dem Geschäftsführer für eine Dienstreise bereit stellen. Stattdessen fährt er mit dem Fahrzeug eine großzügige Spritztour von Frankfurt über die A 5, dann A 7. In Kassel kennt der Freddi Flott einen Gebrauchtwagenhändler, der es auch schon einmal weniger genau nimmt mit dem Fahrzeugbrief, wenn er Absatzmöglichkeiten weit jenseits der deutschen Grenzen sieht. (Was in Besitzdienerschaft begonnen hatte, endete in verbotener Eigenmacht: Besitzentzug nach § 858 BGB oder auch § 242 StGB, Diebstahl.)

oder

**259** *„Wer [...] im Besitz stört [...]"*

– z. B.: Der Werkschützer Lui Lessich arbeitet seit drei Jahren bei der Werktags-Produktions-GmbH als Mitarbeiter eines externen Sicherheitsdienstleisters. So weiß er auch, dass grundsätzlich Samstag mittags bis montags zur Frühschicht die Produktion ruht. Auch kommt üblicherweise an Wochenenden kein leitender Angestellter oder der Geschäftsführer selbst in den Betrieb. Also lädt er anlässlich seines Geburtstags 30 Freunde und Bekannte ein und feiert in der Kantine des Kundenunternehmens seine große Party, ohne es mit der Werksleitung abzusprechen.

**In beiden Fällen ist die Herrschaft des rechtmäßigen Besitzers unterbrochen.**

**Und ergänzend sei angemerkt:**

**Zur Erfüllung der Voraussetzungen der verbotenen Eigenmacht ist ein Unrechtsbewusstsein bzw. das Bewusstsein in die Rechtswidrigkeit nicht erforderlich (Palandt, § 858 Rn. 1).**

Fallbeispiel: Lui Lessich bringt zur **260** Nachtschicht am Samstag abend ein altes Buch mit, das er von seinem Onkel geliehen bekommen hat. Dieses Buch hat einen Umfang von 450 Seiten; es ist im Buchhandel nicht mehr erhältlich. Deshalb fragt Lessich den Schichtführer Siegfried Sicher, mit dem er zusammen die Nachtschicht verbringen wird: „Meinst Du, ich könnte das hier kopieren? Ich habe auch selbst eine 500-Blatt-Packung Kopierpapier mitgebracht..." „Joh, joh. Mach mal. Wenn Du sogar selbst das Papier mitgebracht hast: Da hat hier bestimmt keiner was gegen", sagt darauf der Sicher. „Ja, was heißt denn »bestimmt nicht«", fragt Lessich nach, „ich will hier keinen Ärger bekommen!"

„Also pass mal auf", mault Siegfried Sicher: „Ich habe hier vor drei Monaten die Dienstanweisung einschl. der Anhänge für alle drei Pforten kopiert. Das waren dann 360

Blatt. Und da hat mich der Personalleiter noch als den dummen Jungen hingestellt, weil ich überhaupt gefragt habe."

„Naja", ist Lui Lessich sich weiter unsicher, „das war die Dienstanweisung – aber jetzt ist das mein ganz privates Buch!" „Jau, jau... Die hätten sich hier um die Dienstanweisung auch gar nicht kümmern müssen: Das ist eigentlich die Angelegenheit des Sicherheitsdienstleisters!" sagt Sicher in lässiger Manier. „Die sind hier wirklich nicht so kleinlich! Und nun hast Du ja sogar Dein eigenes Papier dabei!"

**Klarer Fall der verbotenen** **261** **Eigenmacht, auch wenn es „nur noch" um den Toner und den Geräteverschleiß geht.**

– Einmal ganz abgesehen davon, dass Lessich streng genommen seine privaten Angelegenheiten nicht während der Dienstzeit abwickeln darf.

– Vorher jemanden beim Kundenunternehmen gefragt, der das entscheiden darf, hätte Lessich sich entlasten können. Ungefragt bleibt es verbotene Eigenmacht, auch wenn „die" nicht so kleinlich sind.

**Palandt hebt hervor(§ 858** **262** **Rn. 4 und 5), dass die Beeinträchtigung des Handelnden nicht notwendigerweise gegen den Willen des unmittelbaren Besitzers erfolgen muss – es reicht, dass es an der ausdr. Zustimmung fehlt. D. h. also, dass eine Zustimmung nicht stillschweigend vorweg unterstellt werden darf, um die Rechtmäßigkeit einer Handlung zu fingieren – logisch (wenngleich vielleicht unerwartet) können etwaige unbekannte Vorbehalte dann doch einer bestimmten Handlung entgegen stehen!**

Im vorgenannten Beispiel kommt man dann schließlich dort an, wo es am tatsächlichen Unrechtsbewusstsein fehlt: Der Siegfried Sicher möchte nicht noch eine weitere Demütigung für eine „dumme Frage" einstecken – und ist sich ganz sicher, dass dem rein privaten Interesse wiederum hinreichend das vom Lessich selbst mitgebrachte Kopierpapier ggü. stehe, um ihn dem Kundenunternehmen ggü. zu befreien. Und Lui Lessich hat sich nach seiner Ansicht wiederum bei seinem Vorgesetzten, dem Schichtführer Sicher, entlastet.

**„So", werden Sie nun einwänden, „nun hat er alles getan, um über mittelbaren und unmittelbaren Besitz zu schwadronieren – aber am Ende ist noch immer nicht geklärt, wie weidlich der Dieb sich seines unmittelbaren Besitztums bedienen kann."**

**263** § 858 Abs. 1 BGB: *„Wer dem Besitzer ohne dessen Willen den Besitz entzieht oder ihn im Besitz stört, handelt [...] widerrechtlich (verbotene Eigenmacht)."*

**264** **Aber: Nun stoßen Sie auf § 932 BGB und entdecken, dass „gutgläubig" von demjenigen eine Sache erworben werden kann, der an sich gar nicht berechtigt ist – und zwar in dem guten Glauben an dessen Berechtigung.**

**Doch so einfach wollte der Gesetzgeber es dem Rechtsbrecher dann doch nicht ma-**

**265** **chen:** § 935 Abs. 1 BGB: *„Der Erwerb des Eigentums auf Grund der §§ 932 bis 934 tritt nicht ein, wenn die Sache dem Eigentümer gestohlen worden, verloren gegangen oder sonst abhanden gekommen war. Das Gleiche gilt, falls der Eigentümer nur mittelbarer Besitzer war, dann, wenn die Sache dem Besitzer abhanden gekommen war."* **Womit nun also geklärt ist, dass der Dieb stets im Unrecht bleibt.**

**Der Besitzdiener ist also schließlich, obwohl er nie-**

mals in den „Genuss" des unmittelbaren Besitzes kommt, doch deutlich besser gestellt als der Dieb...

**266** Ohne Sie ausschweifend mit dem § 932 BGB belästigen zu wollen – aber da ich ihn nun schon eingebracht habe, dürfen Sie sich auch fragen, in welchem Falle der denn z. B. Anwendung finden könnte.

**267** Der Witwer Dickmann hatte sich im Alter von 82 Jahren ein Fahrzeug der Oberklasse gekauft. Zweifel am Sinn dieses Erwerbs kamen ihm, nachdem er das Fahrzeug endlich in der Garage stehen hatte. Er sollte dann später noch einmal seine neue Freundin mit dem Wagen zum Theater und anschließend zu einem pompösen Essen in ein Waldrestaurant ausführen – anschließend putzte er sein Auto nur noch einige Male hingebungsvoll, aber gebrauchte es nicht mehr. Nur neun Wochen nach dem Erwerb starb er.

Sohn Anselm setzt nun darauf, künftig mit einem Wagen strunzen zu können, den er sich niemals selbst hätte leisten können – und spekuliert auf eine wohlwollende Anrechnung auf das im Übrigen magere Erbe. Damit ist der andere Sohn Henning aber gar nicht einverstanden. Er möchte eine gerechte Aufteilung der Erbschaft – und ist darüber hinaus der Meinung, dass sein Bruder mit einem Fahrzeug so deutlich über seinen Verhältnissen weder kokettieren sollte, noch sich mit dem Unterhalt eines solchen Fahrzeugs belasten sollte. Henning kennt seinen Bruder und weiß auch, dass dieses Thema auf einen wenig fruchtbaren Streit hinauslaufen wird.

Henning entschließt sich also, die Angelegenheit aus der Welt zu schaffen. Er verkauft das Fahrzeug eigenmächtig an den mittelständischen Unternehmer Großmann – zum marktüblichen Preis, also durchaus mit einem gängigen Nachlass für den Verkauf ohne Händlerbeteiligung.

Die Übergabe des Fahrzeugbriefes legitimiert Henning hinreichend. Großmann muss nicht seinerseits die ausdr. Genehmigung des Anselm einholen, obwohl Henning ihn über die Situation in Kenntnis gesetzt hat, dass das Fahrzeug aus Erbschaft stammt und es noch einen Bruder gibt, der zu gleichen Anteilen erbberechtigt ist. Großmann kann der Verfügungsberechtigung des Henning wirksam Glauben schenken (Palandt, § 932 Rn. 1 in Auslegung).

# Kleiner Exkurs zur Arbeitnehmerüberlassung

**268** Hierzu Palandt (Einführung von § 631, Rn. 9): *„Arbeitnehmerüberlassungsvertrag* [ist] *im Gegensatz zum Werkvertrag nicht auf die vom Unternehmer nach eigenen Vorstellungen organisierte Herbeiführung eines Erfolges* [eig. Anm.: z. B. **Erstellen einer Schweißnaht in einem bestimmten Produktionsabschnitt = Gesamtinteresse der Herstellung eines bestimmten Endprodukts]** *gerichtet, sondern auf die Überlassung geeigneter Arbeitskräfte, die der Vertragspartner des Unternehmers nach seinen eigenen betrieblichen Erfordernissen einsetzt und denen ggü. er ein Weisungsrecht hat".* **Was heißt das? Es bedeutet, dass der Kundenunternehmer z. B. einen Schweißer anfordert, weil sein angestellter Schweißer durch Unfall mind. vier Monate ausfällt. Der Personaldienstleister hat zwar das Interesse, dieser Anforderung nachzukommen (und überlässt dem Kunden einen Schweißer), aber er hat kein Interesse an einem bestimmten Arbeitsergebnis (den Personalverleiher interessiert nicht, was genau der Schweißer schweißen soll).**

Und weiter: *„Arbeitnehmerüberlassung liegt vor, wenn ein Arbeitgeber einen Arbeitnehmer für eine begrenzte Zeit durch Vertrag [...] einem anderen Arbeitgeber zum Zweck der Arbeitsleistung überlässt und der Arbeitnehmer in dessen Betriebsorganisation eingegliedert wird [...]. Das [...] erfordert die Zustimmung des Arbeitnehmers [...]. Das Arbeitsverhältnis besteht nur mit dem (verleihenden) Arbeitgeber, mit dem Entleiher lediglich ein Beschäftigungsverhältnis".*

**Das heißt aber auch: Der Entleiher (also der Kunde) organisiert die Arbeitsabläufe vollständig unabhängig vom verleihenden Arbeitgeber. Und genau das ist in der Regel bei Belangen der Sicherheitsdienstleistung gar nicht gewünscht – nicht zuletzt auch wegen Haftungsfragen.**

**Zu diesem Thema gibt es die Abhandlung „Exkurs zur rechtlichen Situation der Sicherheitsdienstleister", im Rahmen derer ich die Problematik der vertraglichen Situation zwischen Kundenunternehmen und Sicherheitsunternehmen etwas detaillierter beleuchte.**

# Wahrheit vor Dienstleistung

Vielleicht sind Sie schon einmal mit einer Situation konfrontiert worden, ganz ohne Zweifel aber werden Sie eine solche Situation einmal erleben, in der der Auftraggeber selbst oder ein Mitarbeiter des Auftraggebers Ihnen nahelegt oder Sie anweist, zu einem bestimmten Sachverhalt keine Angaben zu machen oder aber den Sachverhalt in einer bestimmten Weise darzustellen.

Zulässig ist dies, wenn es um jedwede Auskünfte geht, egal **269** ob ggü. Mitarbeitern des Auftraggebers oder ggü. Fremden, insbesondere hier ggü. der Presse. Sie sind niemals berechtigt, irgendwelche Informationen über den Kunden nach außen dringen zu lassen – das ist die eine Seite. Andererseits darf der Auftraggeber ganz legitim ein Interesse an kontrolliertem Informationsfluss haben. Und das hat dann nicht einmal von vorn herein etwas mit Verschleierungsabsichten zu tun. Sie wissen selbst, wie Journalismus bisweilen den Umgang mit Neuigkeiten und Gerüchten pflegt – insbesondere dann, wenn ein meinungs-BILDendes Organ im Spiel ist.

Möglicherweise hat Ihr Auftraggeber eine Pressestelle, zumindest aber einen Pressesprecher. Dort werden Informationen kanalisiert und kontrolliert an die Öffentlichkeit gegeben, um ein einheitliches Bild zu schaffen. Das gilt sogar dann, wenn zum Beispiel Polizisten Sie auszufragen versuchen oder subtil nach Hinweisen suchen: Wenn es nicht offiziell der Ermittlung dient, müssen Sie auch der Polizei keinerlei Auskünfte erteilen.

Zulässig ist die Informationskontrolle durch den Auftraggeber **270** jedoch nicht im *Ermittlungsverfahren*! Sobald Sie also von Polizei oder Staatsanwaltschaft befragt werden und Sie ausdr. im Rahmen der Ermittlung um Aussage gebeten werden, können Sie die Aussage nicht verweigern und schon gar nicht nach den Maßgaben eines Kunden „erzählen". Dennoch stehen Sie natürlich als Dienstleister in einer schwierigen Position da. Es geht um Ihren Arbeitsplatz, es geht vielleicht sogar um den ganzen Auftrag konkret bei diesem Kunden.

Spätestens also, wenn ein ordentliches Ermittlungsverfahren durchgeführt wird, so lassen Sie sich niemals auf wie auch immer geartete Anweisungen oder Absprachen ein. Im ordentlichen Ermittlungsverfahren gilt nur die Wahrheit und nichts als die reine Wahrheit!

Einmal abgesehen von anderen ethischen Gründen, etwaig auch von den Gründen der Strafandrohung, führen Sie sich immer vor Augen, dass Sie Mitarbeiter der Sicherheitsbranche sind: Ihre Glaubwürdigkeit ist Ihr höchstes Gut.

**271** Die Vereidigung ist nur eine Unterstreichung des Wahrheitsgehaltes bzw. auch die Unterstreichung der Rechtswidrigkeit einer Falschaussage. Damit einher gehend kann die Falschaussage **272** unter Eid höher geahndet werden (§153 StGB: drei Monate bis fünf Jahre wg. uneidlicher Falschaussage; § 154 StGB: nicht unter einem Jahr wg. eidlicher Falschaussage). Grundsätzlich aber sind Sie so oder so zur wahrheitsgemäßen Wiedergabe verpflichtet, was Sie beobachtet, gehört, festgestellt haben.

Nötigenfalls pfeifen Sie auf ihre Einsätze bei dem speziellen Kunden: Niemand gewährt Ihnen einen gerechten Gegenwert für eine Falschaussage. Und bedenken Sie schließlich auch dieses:

Falls Sie mit Ihrer Falschaussage, die Sie wunschgemäß, gemäß Anordnung und ggf. gemäß Androhung geleistet haben, glatt durchkommen, so könnten es aber schließlich andere Umstände (der Ermittlung oder auch jene der persönlichen Schwäche desselben, der Sie vielleicht unter Druck gesetzt hat) sein, die eine andere Person zu einer beweisbaren, aber Ihrer Aussage widersprechenden Darstellung verleiten. In einem solchen Falle werden nun Ihrerseits Sie für die Falschaussage belangt. Niemand wird Ihnen die Last der Falschaussage nehmen können – ja, nicht einmal wollen! Und auch dieses: Ein Gericht wird Ihnen unterstellen, dass Sie mindestens aufgrund Ihrer besonderen Stellung von einer Falschaussage von vorn herein hätten absehen müssen. Und wenn man Ihnen dann weiterhin wegen des persönlichen Drucks, den man auf Sie ausgeübt haben mag, mildernde Umstände einräumt und es bei einer Strafe auf Bewährung bewenden ließe, so handelte es sich schließlich doch um eine Verurteilung nach Strafgesetzbuch. So wäre Ihre Biografie durch eine Vorstrafe belastet. Ihren Beruf in der Sicherheitsbranche können Sie an den Nagel hängen. Und auch bei anderweitigen Bewerbungen macht sich das nicht besonders gut.

So ganz locker könnten Sie dann, falls Ihr Arbeitgeber Verständnis zeigte und Sie weiter beschäftigte, aber zu der Kategorie Menschen gehören, die mit § 34a Abs. 4 der Gewerbeordnung aufs Korn genommen werden: *„Die Beschäftigung einer Person, die in einem Bewachungsunternehmen mit Bewachungsaufgaben beschäftigt ist, kann dem Gewerbetreibenden untersagt werden, wenn Tatsachen die Annahme rechtfertigen, dass die Person die für ihre Tätigkeit erforderliche Zuverlässigkeit nicht besitzt.“*

– Womit sich an dieser Stelle der Kreis schließt zum dritten Kapitel, „»... mit den notwendigen rechtlichen Vorschriften vertraut...« – § 34a GewO i. V. m. § 3 BewachV". Ich empfehle, hier ggf. zum Zwecke der Wiederholung noch einmal zurück zu blättern.

Hier nun in Kurzform, was Sie im hinteren Teil im Gesetzestext genauer nachlesen können:

• Sie haben kein Recht, eine Aussage zu verweigern oder teilweise zurück zu halten, es sei denn (!) Sie belasten dadurch sich selbst! Die Ausnahmen „innerhalb der Familie" im Rahmen einer Tätigkeit als Sicherheitsmitarbeiter oder Sicherheitsunternehmer werden vorkommen, aber statistisch eher selten sein. Ich verweise daher lediglich zum Nachlesen auf §§ 52 und 55 StPO.

• Falls Sie selbst oder Angehörige von Ihnen durch Angaben zu Identität und Wohnsitz gefährdet werden könnten, so kann im Rahmen der Verhandlung darauf verzichtet werden, Ihnen solche Angaben offen abzuverlangen (§ 68 StPO).

• Sie sind vor einer Zeugenaussage darüber in Kenntnis zu setzen, was Gegenstand der Befragung ist und wer die im betreffenden Prozess beschuldigte Person ist, soweit es eine konkrete, auf eine Person bezogene Ermittlung gibt (§ 69 StPO).

• Erinnerungslücken als eine Möglichkeit, der wahrheitsgemäßen Aussage auszuweichen, sind nicht akzeptabel und werden deshalb weitestmöglich ausgeräumt (§ 253 StPO).

# Exkurs zur
# rechtlichen Situation der Sicherheitsdienstleister

Es hält sich gerne – und vielleicht aus einem gewissen Selbstschutzinteresse heraus – das Gerücht, dass Verträge zur Übernahme von Sicherheitsdienstleistungen Werkverträge seien. Das mag auch damit zusammen hängen, dass man vonseiten des Sicherheitsdienstleisters als Auftragnehmer, ebenso wie vonseiten der auftraggebenden Unternehmen eine beachtliche Angst davor hat, dass tatsächliche Arbeitnehmerüberlassung vorliegen könnte oder aber sich der Arbeitnehmerüberlassung gleichzustellende Rechtsverhältnisse ergeben könnten.

Auf die Vertragscharakteristika will ich also näher eingehen und beziehe mich auf einen Aufsatz von Schünemann von 2003, im Rahmen dessen er das Problem der „Vertragstypen im Sicherheitsgewerbe" ausführlich bespricht (Prof. Dr. Wolfgang B. Schünemann, NJW 24/2003):

Zunächst zu einigen Standard-Auftragstypen:

**274**  • Detektivvertrag
– Der **Detektivvertrag** ist dann ein Werkvertrag, wenn er erfolgsabhängig honoriert wird: In diesem Falle wäre ein Honorar nur fällig, wenn z. B. eine gesuchte Person auch gefunden wird. § 631 Abs. 1 BGB: „*Durch den Werkvertrag wird der Unternehmer zur Herstellung des versprochenen Werkes [...] verpflichtet.*" Aber auch: § 631 Abs. 2 BGB: „*Gegenstand des Werkvertrags kann [...] auch ein anderer durch Arbeit oder Dienstleistung herbeizuführender Erfolg sein.*"
– Der **Detektivvertrag** ist

dann *kein* Werkvertrag, sondern ein Dienstvertrag gemäß § 611 BGB, wenn der Detektiv z. B. mit der Beobachtung einer bekannten Zielperson und dem Zusammentragen von Beobachtungen und Fakten beauftragt wird und zeitabhängig entgolten wird. § 611 Abs. 1 BGB: „*Durch den Dienstvertrag wird derjenige, welcher Dienste zusagt, zur Leistung der versprochenen Dienste [...] verpflichtet.*"

• Errichtung und Betrieb
  einer Alarmzentrale
**275**  – Die **Errichtung der Notrufzentrale** ist eine Leistung, die nach den Bedingungen des Werkvertrags (§§ 631 ff. BGB) vereinbart wird. Der Vertrag ist eindeutig auf die „Herstellung" eines „versprochenen Werkes" ausgerichtet.
**276**  – Dem **Betrieb der Alarmzentrale** zuzurechnen ist aber die langfristige Aufrechterhaltung der (technisch) einwandfreien Einsetzbarkeit der Alarmzentrale. Das ist also nicht nur die Gewährleistung der dauerhaft funktionstüchtigen Gerätschaften, die dem Werk selbst zugerechnet werden könnten, sondern das sind auch dauernde Dienstleistungen, die durch Wartungsverträge und die Abnahme gesetzlich vorgeschriebener technischer Prüfungen erbracht werden. Hier liegt ein Dienstvertrag (§§ 611 ff. BGB) vor.

**277**  Schünemann nennt diesen Musterfall einen „Typenkombinationsvertrag". Ich erlaube mir eine kritische Abwägung dazu:
Wegen der vereinfachten Ab-

wicklung von Garantiefällen ist es sicherlich komfortabler, wenn ein Kunde in einem solchen Fall einen Typenkombinationsvertrag abschließt. Dieser würde wiederum auch dann nicht durchbrochen, wenn ein Hersteller von technischen Sicherheitsanlagen die Zentrale einrichtete, die Betreuung aber an einen Subunternehmer abgäbe – der Typenkombinationsvertrag zwischen Kundenunternehmen und Hersteller bliebe unberührt.

Nach einer etwaig vereinbarten Bindungsfrist aber zeigt sich, dass es keine notwendige Verbundenheit der beiden Leistungstypen gibt: Nichts wird dagegen sprechen, dass der Kunde die Dienstleistungskomponente neu ausschreibt und sich dann für einen anderen Sicherheitsdienstleister entscheidet – und sich somit von dem Hersteller löst. Es zeigt sich dann, dass die Errichtung und der Betrieb der Zentrale nicht ursächlich miteinander verknüpft sind.

Ich sehe es also abhängig von der spezifischen Vertragsgestaltung zwischen dem Anbieter und dem Kunden, ob es sich tatsächlich um einen Typenkombinationsvertrag oder aber um zwei unabhängige Vertragstypen handelt! Ursächlich wird nicht erkennbar, dass es sich zwangsläufig um untrennbare Leistungen handelt.

• Geld- und Wert-Transporte 278

Schünemann befasst sich mit verschiedenen Abwägungen zu möglichen Vertragsgrundlagen für den Geld- und Werttransport, und macht somit deutlich, was ihn schließlich zu der Einschätzung führt, dass ein reines Vertragsverhältnis gemäß § 688 BGB ausreichend und abschließend ist. Laut Schünemann ist die mit der Verwahrung „geschuldete Obhutsgewährung als »Be- und Überwachung«" so

stark, dass zur Bestimmung einer Bewachungsleistung als eigenständigem Teil im Bereich des Geld- und Werttransports sowohl Möglichkeit als auch Notwendigkeit fehlen.

Der Verwahrungsvertrag nämlich beinhaltet untrennbar, dass die Wertigkeit der verwahrten bzw. transportierten Sache ursächlich auch den Grad der Obhutspflicht mitbestimmt. Diese Ansicht Schünemanns ist bei reiflicher Abwägung verschiedener denkbarer Formen der Abwicklung von Geld- und Werttransporten schließlich nicht von der Hand zu weisen.

• klassische Dienstverträge 279
Schünemann benennt hierzu
– Separatschutz von Personen durch »Body-Guards«,
– Objektschutz einschl. Bestreifung von Flächen, Räumen, Gebäuden,
– Gleissicherung,
– Fluggastkontrollen,
– Ordnerdienste,
– Werkschutz;
– Kaufhausdetektive;
– reine Bewachung von Geld- und Wert-Transporten.

Es handelt sich um regelmäßig zu erbringende Dienstleistungen, die weder nach Inhalt der Leistung noch nach Art der Entgeltung erfolgsabhängig sind. Es handelt sich also um reine Dienstverträge gemäß §§ 611 ff. BGB.

Probleme bzgl. *Nebenleistun-* 280 *gen*:

Die Art des Vertrages, der gemäß BGB zwischen dem Sicherheitsdienstleister und dem Kundenunternehmen geschlossen wird, hat keinen Einfluss auf die Problematik der Arbeitnehmerüberlassung!

Es geht um die Frage, ob durch den Sicherheitsdienstleister eine eigenständige Dienstleistung angeboten wird oder ob effektiv Arbeitskraft ausgeliehen wird.

Es muss also im Interesse des Sicherheitsdienstleisters wie auch des Kunden liegen, eine bestimmte Aufforderung durch Mitarbeiter des Kundenunternehmens nicht als Arbeitsanweisung erscheinen zu lassen, sondern als den *Eintritt einer Voraussetzung für* ein *bestimmtes*, bereits vorher mit dem Kunden vereinbartes und deshalb in der Dienstanweisung zu beschreibendes Verhalten bzw. *Handeln der Sicherheitsmitarbeiter.*

Weiterhin ist die Neigung von Kundenunternehmern nicht zu übersehen, die Mitarbeiter von Sicherheitsdienstleistern in diverse Nebenaufgaben mit einzubeziehen, um eine organisatorische Erleichterung im eigenen Hause und – damit verbunden oder aber durch bestimmte Aufgabenstellungen davon unabhängig – tatsächliche Kosten einsparen zu können. Hier wird in kritischer Weise die faktische Leiharbeit bereits erreicht!

Nun wird es natürlich keinem Sicherheitsanbieter gelingen, sich aus der Einbeziehung in Nebenaufgaben ganz zurückzuziehen, weil es längst Gepflogenheit und gängige Übung ist, dass Kundenunternehmen Nebenleistungen vom Sicherheitsdienstleister erwarten – im schlimmsten Fall geradezu erpressen.

Als Faustregel zur Einschätzung der Situation mag Ihnen folgende Darlegung behilflich sein: Der Umfang solcher Leistungen darf nicht zu umfangreich ausarten und diese Leistungen müssen stets entbehrliche Leistungen sein. Sollte der Vorrang von Sicherheitsdienstleistungen oder gar Notfallsituationen die Erbringung der Nebenleistung unmöglich machen, so darf dadurch weder dem Kundenunternehmen ein Schaden entstehen, noch dem Sicherheitsunternehmen, etwa wegen Nichterfüllung von Vertragspflichten – andernfalls handelt es sich unzweifelhaft um eine Arbeitsleistung, die zwingend per anders gearteter Arbeitnehmerleistung abzudecken ist!

(Die Realität wird dem vorhergehend Dargestellten häufig nicht gerecht.)

Damit ist es ebenso wichtig, dass nicht Sicherheitsmitarbeiter ohne vorherige Abstimmung mit dem Sicherheitsunternehmer neue Leistungen durch unmittelbare Aufforderung, von Mitarbeitern des Kundenunternehmens ausgesprochen, eingehen. Denn dann – da der Sicherheitsmitarbeiter Arbeitnehmer ist, der eine Vertragsänderung zum Dienstvertrag nicht entgegen nehmen und nicht mitbestimmen kann (noch im Zweifelsfall feststellen könnte, ob die erwartete Leistung tatsächlich durch einen Sicherheitsdienstleister erbracht werden darf!) – wäre das Kriterium erfüllt, dass vom Kundenunternehmen eine direkte Arbeitsanweisung an den Sicherheitsmitarbeiter ergangen wäre: Das ist die unmittelbare Einbeziehung des Sicherheitsmitarbeiters in die organisatorische Struktur des Kundenunternehmens.

# Gesetzestexte

## – in Auszügen –

## Gewerbeordung (GewO)

### § 1 Grundsatz der Gewerbefreiheit

**(1)** *Der Betrieb eines Gewerbes ist jedermann gestattet, soweit nicht durch dieses Gesetz Ausnahmen oder Beschränkungen vorgeschrieben oder zugelassen sind.*

**(2)** *Wer gegenwärtig zum Betrieb eines Gewerbes berechtigt ist, kann von demselben nicht deshalb ausgeschlossen werden, weil er den Erfordernissen dieses Gesetzes nicht genügt.*

### § 34a Bewachungsgewerbe

**(1)** *Wer gewerbsmäßig Leben oder Eigentum fremder Personen bewachen will (Bewachungsgewerbe), bedarf der Erlaubnis der zuständigen Behörde. Die Erlaubnis kann mit Auflagen verbunden werden, soweit dies zum Schutze der Allgemeinheit oder der Auftraggeber erforderlich ist; unter denselben Voraussetzungen ist auch die nachträgliche Aufnahme, Änderung und Ergänzung von Auflagen zulässig. Die Erlaubnis ist zu versagen, wenn*
*1. Tatsachen die Annahme rechtfertigen, daß der Antragsteller die für den Gewerbebetrieb erforderliche Zuverlässigkeit nicht besitzt,*
*2. er die für den Gewerbebetrieb erforderlichen Mittel oder entsprechende Sicherheiten nicht nachweist oder*
*3. der Antragsteller nicht durch eine Bescheinigung einer Industrie- und Handelskammer nachweist, daß er über die für die Ausübung des Gewerbes notwendigen rechtlichen Vorschriften unterrichtet worden ist und mit ihnen vertraut ist.*
*Der Gewerbetreibende darf mit der Durchführung von Bewachungsaufgaben nur Personen beschäftigen, die die Voraussetzungen nach Satz 3 Nr. 1 und 3 erfüllen. Für die Durchführung folgender Tätigkeiten ist der Nachweis einer vor der Industrie- und Handelskammer erfolgreich abgelegten Sachkundeprüfung erforderlich:*
*1. Kontrollgänge im öffentlichen Verkehrsraum oder in Hausrechtsbereichen mit tatsächlich öffentlichem Verkehr,*
*2. Schutz vor Ladendieben,*
*3. Bewachungen im Einlassbereich von gastgewerblichen Diskotheken.*

**(2)** *Das Bundesministerium für Wirtschaft und Technologie kann mit Zustimmung des Bundesrates durch Rechtsverordnung*
*1. die Anforderungen und das Verfahren für den Unterrichtungsnachweis nach Absatz 1 Satz 3 Nr. 3 sowie Ausnahmen von der Erforderlichkeit des Unterrichtungsnachweises festlegen,*
*2. die Anforderungen und das Verfahren für eine Sachkundeprüfung nach Absatz 1 Satz 5 sowie Ausnahmen von der Erforderlichkeit der Sachkundeprüfung festlegen und*
*3. zum Schutze der Allgemeinheit und der Auftraggeber Vorschriften*

*erlassen über den Umfang der Befugnisse und Verpflichtungen bei der Ausübung des Bewachungsgewerbes, insbesondere über*

 **a)** *den Geltungsbereich der Erlaubnis,*

 **b)** *die Pflichten des Gewerbetreibenden bei der Einstellung und Entlassung der im Bewachungsgewerbe beschäftigten Personen, über die Aufzeichnung von Daten dieser Personen durch den Gewerbetreibenden und ihre Übermittlung an die Gewerbebehörden, über die Anforderungen, denen diese Personen genügen müssen, sowie über die Durchführung des Wachdienstes,*

 **c)** *die Verpflichtung zum Abschluß einer Haftpflichtversicherung, zur Buchführung einschließlich der Aufzeichnung von Daten über einzelne Geschäftsvorgänge sowie über die Auftraggeber,*

 **d)** *die Unterrichtung der zuständigen Behörde durch Gerichte und Staatsanwaltschaften über rechtliche Maßnahmen gegen Gewerbetreibende und ihr Personal, das mit Bewachungsaufgaben betraut ist.*

**(3)** *Sofern zur Überprüfung der Zuverlässigkeit des Bewachungspersonals nach Absatz 1 Satz 4 von der zuständigen Behörde Auskünfte aus dem Bundeszentralregister nach § 30 Abs. 5, § 31 oder unbeschränkte Auskünfte nach § 41 Abs. 1 Nr. 9 Bundeszentralregistergesetz eingeholt werden, kann das Ergebnis der Überprüfung einschließlich der für die Beurteilung der Zuverlässigkeit erforderlichen Daten an den Gewerbetreibenden übermittelt werden.*

**(4)** *Die Beschäftigung einer Person, die in einem Bewachungsunternehmen mit Bewachungsaufgaben beschäftigt ist, kann dem Gewerbetreibenden untersagt werden, wenn Tatsachen die Annahme rechtfertigen, dass die Person die für ihre Tätigkeit erforderliche Zuverlässigkeit nicht besitzt.*

**(5)** *Der Gewerbetreibende und seine Beschäftigten dürfen bei der Durchführung von Bewachungsaufgaben gegenüber Dritten nur die Rechte, die Jedermann im Falle einer Notwehr, eines Notstandes oder einer Selbsthilfe zustehen, die ihnen vom jeweiligen Auftraggeber vertraglich übertragenen Selbsthilferechte sowie die ihnen gegebenenfalls in Fällen gesetzlicher Übertragung zustehenden Befugnisse eigenverantwortlich ausüben. In den Fällen der Inanspruchnahme dieser Rechte und Befugnisse ist der Grundsatz der Erforderlichkeit zu beachten.*

**(6)** *(weggefallen)*

# Bewachungsverordnung (BewachV)

## § 1 Zweck, Betroffene

**(1)** *Zweck der Unterrichtung ist es, die im Bewachungsgewerbe tätigen Personen mit den für die Ausübung des Gewerbes notwendigen rechtlichen Vorschriften und fachspezifischen Pflichten und Befugnissen sowie deren praktischer Anwendung in einem Umfang vertraut zu machen, der ihnen die eigenverantwortliche Wahrnehmung von Bewachungsaufgaben ermöglicht.*

**(2)** *Dem Unterrichtungsverfahren haben sich zu unterziehen*
1. *Personen, die das Bewachungsgewerbe nach § 34a Abs. 1 Satz 1 der Gewerbeordnung als Selbständige ausüben wollen,*
2. *bei juristischen Personen die gesetzlichen Vertreter, soweit sie mit der Durchführung von Bewachungsaufgaben direkt befasst sind,*
3. *die mit der Leitung des Gewerbebetriebes beauftragten Personen und*
4. *sonstige Unselbständige, die mit der Durchführung von Bewachungsaufgaben nach § 34a Abs. 1 Satz 4 der Gewerbeordnung beschäftigt werden sollen.*

## § 3 Verfahren

**(1)** *Die Unterrichtung erfolgt mündlich, die zu unterrichtende Person muss über die zur Ausübung der Tätigkeit und zum Verständnis des Unterrichtungsverfahrens unverzichtbaren deutschen Sprachkenntnisse verfügen. Die Unterrichtung hat für Personen im Sinne des § 1 Abs. 2 Nr. 1 bis 3 mindestens 80 Unterrichtsstunden zu dauern; für Personen im Sinne der Nummer 4 muss die Unterrichtung mindestens 40 Stunden dauern. Eine Unterrichtsstunde beträgt 45 Minuten. Bei der Unterrichtung soll von modernen pädagogischen und didaktischen Möglichkeiten Gebrauch gemacht werden. Mehrere Personen können gleichzeitig unterrichtet werden, wobei die Zahl der Unterrichtsteilnehmer 20 nicht übersteigen soll.*

**(2)** *Die Industrie- und Handelskammer stellt eine Bescheinigung nach Anlage 1 aus, wenn die unterrichtete Person am Unterricht ohne Fehlzeiten teilgenommen hat und sich die Kammer durch geeignete Maßnahmen, insbesondere durch einen aktiven Dialog mit den Unterrichtsteilnehmern sowie durch mündliche und schriftliche Verständnisfragen, davon überzeugt hat, dass die Person mit den für die Ausübung des Gewerbes notwendigen rechtlichen Vorschriften und fachspezifischen Pflichten und Befugnissen sowie deren praktischer Anwendung nach Maßgabe von § 4 vertraut ist.*

## § 4 Anforderungen

**(1)** *Die Unterrichtung umfasst für alle Arten des Bewachungsgewerbes insbesondere die*
*fachspezifischen Pflichten und Befugnisse folgender Sachgebiete:*
1. *Recht der öffentlichen Sicherheit und Ordnung einschließlich Gewerberecht und Datenschutzrecht,*
2. *Bürgerliches Gesetzbuch,*
3. *Straf- und Strafverfahrensrecht einschließlich Umgang mit Waffen,*
4. *Unfallverhütungsvorschrift Wach- und Sicherungsdienste,*
5. *Umgang mit Menschen, insbesondere Verhalten in Gefahrensituationen und Deeskalationstechniken in Konfliktsituationen und*
6. *Grundzüge der Sicherheitstechnik.*

*Bei der Unterrichtung von Personen im Sinne des § 1 Abs. 2 Nr. 1 bis 3 sind die Sachgebiete der Anlage 2 und bei denjenigen der Nummer 4 die Sachgebiete der Anlage 3 zugrunde zu legen.*

## § 5 Anerkennung anderer Nachweise

**(1)** *Folgende Prüfungszeugnisse werden als Nachweis der erforderlichen Unterrichtung anerkannt:*
1. *für das Bewachungsgewerbe einschlägige Abschlüsse, die auf Grund von Rechtsverordnungen nach den §§ 4, 53 des Berufsbildungsgesetzes oder nach den §§ 25, 42 der Handwerksordnung erworben wurden,*
2. *für das Bewachungsgewerbe einschlägige Abschlüsse auf Grund von Rechtsvorschriften, die von den Industrie- und Handelskammern nach § 54 des Berufsbildungsgesetzes erlassen worden sind,*
3. *Abschlüsse im Rahmen einer Laufbahnprüfung zumindest für den mittleren Polizeivollzugsdienst, auch der Bundesgrenzschutz oder in der Bundespolizei für den mittleren Justizvollzugsdienst sowie für Feldjäger in der Bundeswehr,*
4. *erfolgreich abgelegte Sachkundeprüfung nach § 5c Abs. 6.*

**(2)** *Personen im Sinne des § 1 Abs. 2 Nr. 4, die nach § 3 unterrichtet worden sind und Tätigkeiten nach § 1 Abs. 2 Nr. 1 bis 3 ausüben wollen, bedürfen keiner weiteren Unterrichtung, wenn sie seitdem eine mindestens dreijährige ununterbrochene Bewachungstätigkeit nachweisen.*

## § 5a Zweck, Betroffene

**(1)** *Zweck der Sachkundeprüfung nach § 34a Abs. 1 Satz 5 der Gewerbeordnung ist es, gegenüber den zuständigen Vollzugsbehörden den Nachweis zu erbringen, dass die in diesen Bereichen tätigen Personen Kenntnisse über für die Ausübung dieser Tätigkeiten notwendige rechtliche Vorschriften und fachspezifische Pflichten und Befugnisse sowie deren praktische Anwendung in einem Umfang erworben haben, die ihnen die eigenverantwortliche Wahrnehmung dieser Bewachungsaufgaben ermöglichen.*

**(2)** *Gegenstand der Sachkundeprüfung sind die in § 4 aufgeführten Sachgebiete; die Prüfung soll sich auf jedes der dort aufgeführten Gebiete erstrecken, wobei in der mündlichen Prüfung ein Schwerpunkt auf die in § 4 Nr. 1 und 5 genannten Gebiete zu legen ist.*

## § 5b Zuständige Stelle und Prüfungsausschuss

**(1)** *Die Abnahme der Sachkundeprüfung erfolgt durch Industrie- und Handelskammern.*

**(2)** *Für die Abnahme der Prüfung errichten Industrie- und Handelskammern Prüfungsausschüsse. Sie berufen die Mitglieder dieses Ausschusses sowie den Vorsitzenden und seinen Stellvertreter. Die Mitglieder müssen für die Prüfungsgebiete sachkundig und für die Mitwirkung im Prüfungswesen geeignet sein.*

**(3)** *Mehrere Industrie- und Handelskammern können einen gemeinsamen Prüfungsausschuss errichten.*

## § 5d Anerkennung anderer Nachweise

*Inhaber der in § 5 Abs. 1 Nr. 1 bis 3 angeführten Prüfungszeugnisse bedürfen nicht der Prüfung nach § 5a.*

133

# Grundgesetz (GG)

### Art. 1 – Unantastbarkeit der Würde

**(1)** *Die Würde des Menschen ist unantastbar. Sie zu achten und zu schützen ist Verpflichtung aller staatlichen Gewalt.*
**(2)** *Das Deutsche Volk bekennt sich darum zu unverletzlichen und unveräußerlichen Menschenrechten als Grundlage jeder menschlichen Gemeinschaft, des Friedens und der Gerechtigkeit in der Welt.*
**(3)** *Die nachfolgenden Grundrechte binden Gesetzgebung, vollziehende Gewalt und Rechtsprechung als unmittelbar geltendes Recht.*

### Art. 2 – Persönlichkeitsrecht

**(1)** *Jeder hat das Recht auf die freie Entfaltung seiner Persönlichkeit, soweit er nicht die Rechte anderer verletzt und nicht gegen die verfassungsmäßige Ordnung oder das Sittengesetz verstößt.*
**(2)** *Jeder hat das Recht auf Leben und körperliche Unversehrtheit. Die Freiheit der Person ist unverletzlich. In diese Rechte darf nur auf Grund eines Gesetzes eingegriffen werden.*

### Art. 3 – Gleichheit aller Menschen

**(1)** *Alle Menschen sind vor dem Gesetz gleich.*
**(2)** *Männer und Frauen sind gleichberechtigt. Der Staat fördert die tatsächliche Durchsetzung der Gleichberechtigung von Frauen und Männern und wirkt auf die Beseitigung bestehender Nachteile hin.*
**(3)** *Niemand darf wegen seines Geschlechtes, seiner Abstammung, seiner Rasse, seiner Sprache, seiner Heimat und Herkunft, seines Glaubens, seiner religiösen oder politischen Anschauungen benachteiligt oder bevorzugt werden. Niemand darf wegen seiner Behinderung benachteiligt werden.*

### Art. 13 – Unverletzlichkeit der Wohnung

**(1)** *Die Wohnung ist unverletzlich.*
**(2)** *Durchsuchungen dürfen nur durch den Richter, bei Gefahr im Verzuge auch durch die in den Gesetzen vorgesehenen anderen Organe angeordnet und nur in der dort vorgeschriebenen Form durchgeführt werden.*
**(3)** *Begründen bestimmte Tatsachen den Verdacht, daß jemand eine durch Gesetz einzeln*
*bestimmte besonders schwere Straftat begangen hat, so dürfen zur Verfolgung der Tat auf Grund richterlicher Anordnung technische Mittel zur akustischen Überwachung von Wohnungen, in denen der Beschuldigte sich vermutlich aufhält, eingesetzt werden, wenn die Erforschung des Sachverhalts auf andere Weise unverhältnismäßig erschwert oder aussichtslos wäre. Die Maßnahme ist zu befristen. Die Anordnung erfolgt durch einen mit drei Richtern besetzten Spruchkörper. Bei Gefahr im Verzuge kann sie auch durch einen einzelnen Richter getroffen werden.*
**(4)** *Zur Abwehr dringender Gefahren für die öffentliche Sicherheit, insbesondere einer gemeinen Gefahr oder einer Lebensgefahr, dürfen technische Mittel zur Überwachung von Wohnungen nur auf Grund richterlicher Anordnung eingesetzt werden. Bei Gefahr im Verzuge kann die*

*Maßnahme auch durch eine andere gesetzlich bestimmte Stelle angeordnet werden; eine richterliche Entscheidung ist unverzüglich nachzuholen.*

**(5)** *Sind technische Mittel ausschließlich zum Schutze der bei einem Einsatz in Wohnungen tätigen Personen vorgesehen, kann die Maßnahme durch eine gesetzlich bestimmte Stelle angeordnet werden. Eine anderweitige Verwertung der hierbei erlangten Erkenntnisse ist nur zum Zwecke der Strafverfolgung oder der Gefahrenabwehr und nur zulässig, wenn zuvor die Rechtmäßigkeit der Maßnahme richterlich festgestellt ist; bei Gefahr im Verzuge ist die richterliche Entscheidung unverzüglich nachzuholen.*

**(6)** *Die Bundesregierung unterrichtet den Bundestag jährlich über den nach Absatz 3 sowie über den im Zuständigkeitsbereich des Bundes nach Absatz 4 und, soweit richterlich überprüfungsbedürftig, nach Absatz 5 erfolgten Einsatz technischer Mittel. Ein vom Bundestag gewähltes Gremium übt auf der Grundlage dieses Berichts die parlamentarische Kontrolle aus. Die Länder gewährleisten eine gleichwertige parlamentarische Kontrolle.*

**(7)** *Eingriffe und Beschränkungen dürfen im übrigen nur zur Abwehr einer gemeinen Gefahr oder einer Lebensgefahr für einzelne Personen, auf Grund eines Gesetzes auch zur Verhütung dringender Gefahren für die öffentliche Sicherheit und Ordnung, insbesondere zur Behebung der Raumnot, zur Bekämpfung von Seuchengefahr oder zum Schutze gefährdeter Jugendlicher vorgenommen werden.*

### Art. 14 – Eigentumsrecht

**(1)** *Das Eigentum und das Erbrecht werden gewährleistet. Inhalt und Schranken werden durch die Gesetze bestimmt.*

**(2)** *Eigentum verpflichtet. Sein Gebrauch soll zugleich dem Wohle der Allgemeinheit dienen.*

**(3)** *Eine Enteignung ist nur zum Wohle der Allgemeinheit zulässig. Sie darf nur durch Gesetz oder auf Grund eines Gesetzes erfolgen, das Art und Ausmaß der Entschädigung regelt. Die Entschädigung ist unter gerechter Abwägung der Interessen der Allgemeinheit und der Beteiligten zu bestimmen. Wegen der Höhe der Entschädigung steht im Streitfalle der Rechtsweg vor den ordentlichen Gerichten offen.*

# Bürgerliches Gesetzbuch (BGB)

## § 90 a – Tiere
*Tiere sind keine Sachen. Sie werden durch besondere Gesetze geschützt. Auf sie sind die für Sachen geltenden Vorschriften entsprechend anzuwenden, soweit nicht etwas anderes bestimmt ist.*

## § 104 – Geschäftsunfähigkeit
*Geschäftsunfähig ist:*
*1. wer nicht das siebente Lebensjahr vollendet hat,*
*2. wer sich in einem die freie Willensbestimmung ausschließenden Zustand krankhafter Störung der Geistestätigkeit befindet, sofern nicht der Zustand seiner Natur nach ein vorübergehender ist.*

## § 107 – Minderjährige im Rechtsverkehr
*Der Minderjährige bedarf zu einer Willenserklärung, durch die er nicht lediglich einen rechtlichen Vorteil erlangt, der Einwilligung seines gesetzlichen Vertreters.*

## § 110 – „Taschengeld-Paragraf"
*Ein von dem Minderjährigen ohne Zustimmung des gesetzlichen Vertreters geschlossener Vertrag gilt als von Anfang an wirksam, wenn der Minderjährige die vertragsmäßige Leistung mit Mitteln bewirkt, die ihm zu diesem Zweck oder zu freier Verfügung von dem Vertreter oder mit dessen Zustimmung von einem Dritten überlassen worden sind.*

## § 118 – Mangel der Ernsthaftigkeit
*Eine nicht ernstlich gemeinte Willenserklärung, die in der Erwartung abgegeben wird, der Mangel der Ernstlichkeit werde nicht verkannt werden, ist nichtig.*

## § 133 – Auslegung einer Willenserklärung
*Bei der Auslegung einer Willenserklärung ist der wirkliche Wille zu erforschen und nicht an dem buchstäblichen Sinne des Ausdrucks zu haften.*

## § 226 – Schikaneverbot
*Die Ausübung eines Rechts ist unzulässig, wenn sie nur den Zweck haben kann, einem anderen Schaden zuzufügen.*

## § 227 – Notwehr
*(1) Eine durch Notwehr gebotene Handlung ist nicht widerrechtlich.*
*(2) Notwehr ist diejenige Verteidigung, welche erforderlich ist, um einen gegenwärtigen rechtswidrigen Angriff von sich oder einem anderen abzuwenden.*

## § 228 – Notstand
*Wer eine fremde Sache beschädigt oder zerstört, um eine durch sie drohende Gefahr von sich oder einem anderen abzuwenden, handelt nicht widerrechtlich, wenn die Beschädigung oder die Zerstörung zur Abwendung der Gefahr erforderlich ist und der Schaden nicht außer Verhältnis zu der Gefahr steht. Hat der Handelnde die Gefahr verschuldet, so ist er zum Schadensersatz verpflichtet.*

## § 229 – Selbsthilfe

*Wer zum Zwecke der Selbsthilfe eine Sache wegnimmt, zerstört oder beschädigt oder wer zum Zwecke der Selbsthilfe einen Verpflichteten, welcher der Flucht verdächtig ist, festnimmt oder den Widerstand des Verpflichteten gegen eine Handlung, die dieser zu dulden verpflichtet ist, beseitigt, handelt nicht widerrechtlich, wenn obrigkeitliche Hilfe nicht rechtzeitig zu erlangen ist und ohne sofortiges Eingreifen die Gefahr besteht, dass die Verwirklichung des Anspruchs vereitelt oder wesentlich erschwert werde.*

## § 230 – Grenzen der Selbsthilfe

**(1)** *Die Selbsthilfe darf nicht weiter gehen, als zur Abwendung der Gefahr erforderlich ist.*

**(2)** *Im Falle der Wegnahme von Sachen ist, sofern nicht Zwangsvollstreckung erwirkt wird, der dingliche Arrest zu beantragen.*

**(3)** *Im Falle der Festnahme des Verpflichteten ist, sofern er nicht wieder in Freiheit gesetzt wird, der persönliche Sicherheitsarrest bei dem Amtsgericht zu beantragen, in dessen Bezirk die Festnahme erfolgt ist; der Verpflichtete ist unverzüglich dem Gericht vorzuführen.*

**(4)** *Wird der Arrestantrag verzögert oder abgelehnt, so hat die Rückgabe der weggenommenen Sachen und die Freilassung des Festgenommenen unverzüglich zu erfolgen.*

## § 231 – Irrtümliche Selbsthilfe

*Wer eine der im § 229 bezeichneten Handlungen in der irrigen Annahme vornimmt, dass die für den Ausschluss der Widerrechtlichkeit erforderlichen Voraussetzungen vorhanden seien, ist dem anderen Teil zum Schadensersatz verpflichtet, auch wenn der Irrtum nicht auf Fahrlässigkeit beruht.*

## § 242 – Leistung nach Treu und Glauben

*Der Schuldner ist verpflichtet, die Leistung so zu bewirken, wie Treu und Glauben mit Rücksicht auf die Verkehrssitte es erfordern.*

## § 611 – Dienstvertrag

**(1)** *Durch den Dienstvertrag wird derjenige, welcher Dienste zusagt, zur Leistung der versprochenen Dienste, der andere Teil zur Gewährung der vereinbarten Vergütung verpflichtet.*

**(2)** *Gegenstand des Dienstvertrags können Dienste jeder Art sein.*

## § 631 – Werkvertrag

**(1)** *Durch den Werkvertrag wird der Unternehmer zur Herstellung des versprochenen Werkes, der Besteller zur Entrichtung der vereinbarten Vergütung verpflichtet.*

**(2)** *Gegenstand des Werkvertrags kann sowohl die Herstellung oder Veränderung einer Sache als auch ein anderer durch Arbeit oder Dienstleistung herbeizuführender Erfolg sein.*

## § 688 – Verwahrung

*Durch den Verwahrungsvertrag wird der Verwahrer verpflichtet, eine ihm von dem Hinterleger übergebene bewegliche Sache aufzubewahren.*

## § 827 – Ausschluss und Minderung der Verantwortlichkeit

*Wer im Zustand der Bewusstlosigkeit oder in einem die freie Willens-*

*bestimmung ausschließenden Zustand krankhafter Störung der Geistestätigkeit einem anderen Schaden zufügt, ist für den Schaden nicht verantwortlich. Hat er sich durch geistige Getränke oder ähnliche Mittel in einen vorübergehenden Zustand dieser Art versetzt, so ist er für einen Schaden, den er in diesem Zustand widerrechtlich verursacht, in gleicher Weise verantwortlich, wie wenn ihm Fahrlässigkeit zur Last fiele; die Verantwortlichkeit tritt nicht ein, wenn er ohne Verschulden in den Zustand geraten ist.*

### § 828 – Minderjährige

**(1)** *Wer nicht das siebente Lebensjahr vollendet hat, ist für einen Schaden, den er einem anderen zufügt, nicht verantwortlich.*

**(2)** *Wer das siebente, aber nicht das zehnte Lebensjahr vollendet hat, ist für den Schaden, den er bei einem Unfall mit einem Kraftfahrzeug, einer Schienenbahn oder einer Schwebebahn einem anderen zufügt, nicht verantwortlich. Dies gilt nicht, wenn er die Verletzung vorsätzlich herbeigeführt hat.*

**(3)** *Wer das 18. Lebensjahr noch nicht vollendet hat, ist, sofern seine Verantwortlichkeit nicht nach Absatz 1 oder 2 ausgeschlossen ist, für den Schaden, den er einem anderen zufügt, nicht verantwortlich, wenn er bei der Begehung der schädigenden Handlung nicht die zur Erkenntnis der Verantwortlichkeit erforderliche Einsicht hat.*

### § 855 – Besitzdiener

*Übt jemand die tatsächliche Gewalt über eine Sache für einen anderen in dessen Haushalt oder Erwerbsgeschäft oder in einem ähnlichen Verhältnis aus, vermöge dessen er den sich auf die Sache beziehenden Weisungen des anderen Folge zu leisten hat, so ist nur der andere Besitzer.*

### § 858 – verbotene Eigenmacht

*(1) Wer dem Besitzer ohne dessen Willen den Besitz entzieht oder ihn im Besitz stört, handelt, sofern nicht das Gesetz die Entziehung oder die Störung gestattet, widerrechtlich (verbotene Eigenmacht).*

*(2) Der durch verbotene Eigenmacht erlangte Besitz ist fehlerhaft. Die Fehlerhaftigkeit muss der Nachfolger im Besitz gegen sich gelten lassen, wenn er Erbe des Besitzers ist oder die Fehlerhaftigkeit des Besitzes seines Vorgängers bei dem Erwerb kennt.*

### § 859 – Selbsthilfe des Besitzers

**(1)** *Der Besitzer darf sich verbotener Eigenmacht mit Gewalt erwehren.*

**(2)** *Wird eine bewegliche Sache dem Besitzer mittels verbotener Eigenmacht weggenommen, so darf er sie dem auf frischer Tat betroffenen oder verfolgten Täter mit Gewalt wieder abnehmen.*

**(3)** *Wird dem Besitzer eines Grundstücks der Besitz durch verbotene Eigenmacht entzogen, so darf er sofort nach der Entziehung sich des Besitzes durch Entsetzung des Täters wieder bemächtigen.*

**(4)** *Die gleichen Rechte stehen dem Besitzer gegen denjenigen zu, welcher nach § 858 Abs. 2 die Fehlerhaftigkeit des Besitzes gegen sich gelten lassen muss.*

### § 860 – Selbsthilfe des Besitzdieners

*Zur Ausübung der dem Besitzer nach § 859 zustehenden Rechte ist auch derjenige befugt, welcher die tatsächliche Gewalt nach § 855 für den Besitzer ausübt.*

## § 862 – Anspruch wegen Besitzstörung

**(1)** *Wird der Besitzer durch verbotene Eigenmacht im Besitz gestört, so kann er von dem Störer die Beseitigung der Störung verlangen. Sind weitere Störungen zu besorgen, so kann der Besitzer auf Unterlassung klagen.*

**(2)** *Der Anspruch ist ausgeschlossen, wenn der Besitzer dem Störer oder dessen Rechtsvorgänger gegenüber fehlerhaft besitzt und der Besitz in dem letzten Jahr vor der Störung erlangt worden ist.*

## § 868 – Mittelbarer Besitz

*Besitzt jemand eine Sache als Nießbraucher, Pfandgläubiger, Pächter, Mieter, Verwahrer oder in einem ähnlichen Verhältnis, vermöge dessen er einem anderen gegenüber auf Zeit zum Besitz berechtigt oder verpflichtet ist, so ist auch der andere Besitzer (mittelbarer Besitz).*

## § 929 – Einigung und Übergabe

*Zur Übertragung des Eigentums an einer beweglichen Sache ist erforderlich, dass der Eigentümer die Sache dem Erwerber übergibt und beide darüber einig sind, dass das Eigentum übergehen soll. Ist der Erwerber im Besitz der Sache, so genügt die Einigung über den Übergang des Eigentums.*

## § 932 – Gutgläubiger Erwerb vom Nichtberechtigten

**(1)** *Durch eine nach § 929 erfolgte Veräußerung wird der Erwerber auch dann Eigentümer, wenn die Sache nicht dem Veräußerer gehört, es sei denn, dass er zu der Zeit, zu der er nach diesen Vorschriften das Eigentum erwerben würde, nicht in gutem Glauben ist. In dem Falle des § 929 Satz 2 gilt dies jedoch nur dann, wenn der Erwerber den Besitz von dem Veräußerer erlangt hatte.*

**(2)** *Der Erwerber ist nicht in gutem Glauben, wenn ihm bekannt oder infolge grober Fahrlässigkeit unbekannt ist, dass die Sache nicht dem Veräußerer gehört.*

## § 935 – Kein gutgläugiber Erwerb von abhanden gekommenen Sachen

**(1)** *Die Ersitzung ist gehemmt, wenn der Herausgabeanspruch gegen den Eigenbesitzer oder im Falle eines mittelbaren Eigenbesitzes gegen den Besitzer, der sein Recht zum Besitz von dem Eigenbesitzer ableitet, in einer nach den §§ 203 und 204 zur Hemmung der Verjährung geeigneten Weise geltend gemacht wird. Die Hemmung tritt jedoch nur zugunsten desjenigen ein, welcher sie herbeiführt.*

**(2)** *Die Ersitzung ist ferner gehemmt, solange die Verjährung des Herausgabeanspruchs nach den §§ 205 bis 207 oder ihr Ablauf nach den §§ 210 und 211 gehemmt ist.*

# Strafgesetzbuch (StGB)

### § 13 Begehen durch Unterlassen

**(1)** *Wer es unterläßt, einen Erfolg abzuwenden, der zum Tatbestand eines Strafgesetzes gehört, ist nach diesem Gesetz nur dann strafbar, wenn er rechtlich dafür einzustehen hat, daß der Erfolg nicht eintritt, und wenn das Unterlassen der Verwirklichung des gesetzlichen Tatbestandes durch ein Tun entspricht.*

**(2)** *Die Strafe kann nach § 49 Abs. 1 gemildert werden.*

### § 17 – Verbotsirrtum

*Fehlt dem Täter bei Begehung der Tat die Einsicht, Unrecht zu tun, so handelt er ohne Schuld, wenn er diesen Irrtum nicht vermeiden konnte. Konnte der Täter den Irrtum vermeiden, so kann die Strafe nach § 49 Abs. 1 gemildert werden.*

### § 32 – Notwehr

**(1)** *Wer eine Tat begeht, die durch Notwehr geboten ist, handelt nicht rechtswidrig.*

**(2)** *Notwehr ist die Verteidigung, die erforderlich ist, um einen gegenwärtigen rechtswidrigen Angriff von sich oder einem anderen abzuwenden.*

### § 33 – Überschreitung der Notwehr

*Überschreitet der Täter die Grenzen der Notwehr aus Verwirrung, Furcht oder Schrecken, so wird er nicht bestraft.*

### § 34 – rechtfertigender Notstand

*Wer in einer gegenwärtigen, nicht anders abwendbaren Gefahr für Leben, Leib, Freiheit, Ehre, Eigentum oder ein anderes Rechtsgut eine Tat begeht, um die Gefahr von sich oder einem anderen abzuwenden, handelt nicht rechtswidrig, wenn bei Abwägung der widerstreitenden Interessen, namentlich der betroffenen Rechtsgüter und des Grades der ihnen drohenden Gefahren, das geschützte Interesse das beeinträchtigte wesentlich überwiegt. Dies gilt jedoch nur, soweit die Tat ein angemessenes Mittel ist, die Gefahr abzuwenden.*

### § 35 – entschuldigender Notstand

**(1)** *Wer in einer gegenwärtigen, nicht anders abwendbaren Gefahr für Leben, Leib oder Freiheit eine rechtswidrige Tat begeht, um die Gefahr von sich, einem Angehörigen oder einer anderen ihm nahestehenden Person abzuwenden, handelt ohne Schuld. Dies gilt nicht, soweit dem Täter nach den Umständen, namentlich weil er die Gefahr selbst verursacht hat oder weil er in einem besonderen Rechtsverhältnis stand, zugemutet werden konnte, die Gefahr hinzunehmen; jedoch kann die Strafe nach § 49 Abs. 1 gemildert werden, wenn der Täter nicht mit Rücksicht auf ein besonderes Rechtsverhältnis die Gefahr hinzunehmen hatte.*

**(2)** *Nimmt der Täter bei Begehung der Tat irrig Umstände an, welche ihn nach Absatz 1 entschuldigen würden, so wird er nur dann bestraft, wenn er den Irrtum vermeiden konnte. Die Strafe ist nach § 49 Abs. 1 zu mildern.*

## § 123 – Hausfriedensbruch

**(1)** *Wer in die Wohnung, in die Geschäftsräume oder in das befriedete Besitztum eines anderen oder in abgeschlossene Räume, welche zum öffentlichen Dienst oder Verkehr bestimmt sind, widerrechtlich eindringt, oder wer, wenn er ohne Befugnis darin verweilt, auf die Aufforderung des Berechtigten sich nicht entfernt, wird mit Freiheitsstrafe bis zu einem Jahr oder mit Geldstrafe bestraft.*

**(2)** *Die Tat wird nur auf Antrag verfolgt.*

## § 153 – falsche uneidliche Aussage

**(1)** *Wer vor Gericht oder vor einer anderen zur eidlichen Vernehmung von Zeugen oder Sachverständigen zuständigen Stelle als Zeuge oder Sachverständiger uneidlich falsch aussagt, wird mit Freiheitsstrafe von drei Monaten bis zu fünf Jahren bestraft.*

**(2)** *Einer in Absatz 1 genannten Stelle steht ein Untersuchungsausschuss eines Gesetzgebungsorgans des Bundes oder eines Landes gleich.*

## § 154 – Meineid

**(1)** *Wer vor Gericht oder vor einer anderen zur Abnahme von Eiden zuständigen Stelle falsch schwört, wird mit Freiheitsstrafe nicht unter einem Jahr bestraft.*

**(2)** *In minder schweren Fällen ist die Strafe Freiheitsstrafe von sechs Monaten bis zu fünf Jahren.*

## § 223 – Körperverletzung

**(1)** *Wer eine andere Person körperlich mißhandelt oder an der Gesundheit schädigt, wird mit Freiheitsstrafe bis zu fünf Jahren oder mit Geldstrafe bestraft.*

**(2)** *Der Versuch ist strafbar.*

## § 224 – Gefährliche Körperverletzung

**(1)** *Wer die Körperverletzung*
1. *durch Beibringung von Gift oder anderen gesundheitsschädlichen Stoffen,*
2. *mittels einer Waffe oder eines anderen gefährlichen Werkzeugs,*
3. *mittels eines hinterlistigen Überfalls,*
4. *mit einem anderen Beteiligten gemeinschaftlich oder*
5. *mittels einer das Leben gefährdenden Behandlung*

*begeht, wird mit Freiheitsstrafe von sechs Monaten bis zu zehn Jahren, in minder schweren Fällen mit Freiheitsstrafe von drei Monaten bis zu fünf Jahren bestraft.*

**(2)** *Der Versuch ist strafbar.*

## § 239 – Freiheitsberaubung

**(1)** *Wer einen Menschen einsperrt oder auf andere Weise der Freiheit beraubt, wird mit Freiheitsstrafe bis zu fünf Jahren oder mit Geldstrafe bestraft.*

**(2)** *Der Versuch ist strafbar.*

**(3)** *Auf Freiheitsstrafe von einem Jahr bis zu zehn Jahren ist zu erkennen, wenn der Täter*
1. *das Opfer länger als eine Woche der Freiheit beraubt oder*
2. *durch die Tat oder eine während der Tat begangene Handlung eine schwere Gesundheitsschädigung des Opfers verursacht.*

**(4)** *Verursacht der Täter durch die Tat oder eine während der Tat begangene Handlung den Tod des Opfers, so ist die Strafe Freiheitsstrafe* *nicht unter drei Jahren.*

**(5)** *In minder schweren Fällen des Absatzes 3 ist auf Freiheitsstrafe von sechs Monaten bis zu fünf Jahren, in minder schweren Fällen des Absatzes 4 auf Freiheitsstrafe von einem Jahr bis zu zehn Jahren zu erkennen.*

### § 239 a – erpresserischer Menschenraub

**(1)** *Wer einen Menschen entführt oder sich eines Menschen bemächtigt, um die Sorge des Opfers um sein Wohl oder die Sorge eines Dritten um das Wohl des Opfers zu einer Erpressung (§ 253) auszunutzen, oder wer die von ihm durch eine solche Handlung geschaffene Lage eines Menschen zu einer solchen Erpressung ausnutzt, wird mit Freiheitsstrafe nicht unter fünf Jahren bestraft.*

**(2)** *In minder schweren Fällen ist die Strafe Freiheitsstrafe nicht unter einem Jahr.*

**(3)** *Verursacht der Täter durch die Tat wenigstens leichtfertig den Tod des Opfers, so ist die Strafe lebenslange Freiheitsstrafe oder Freiheitsstrafe nicht unter zehn Jahren.*

**(4)** *Das Gericht kann die Strafe nach § 49 Abs. 1 mildern, wenn der Täter das Opfer unter Verzicht auf die erstrebte Leistung in dessen Lebenskreis zurückgelangen läßt. Tritt dieser Erfolg ohne Zutun des Täters ein, so genügt sein ernsthaftes Bemühen, den Erfolg zu erreichen.*

### § 240 – Nötigung

**(1)** *Wer einen Menschen rechtswidrig mit Gewalt oder durch Drohung mit einem empfindlichen Übel zu einer Handlung, Duldung oder Unterlassung nötigt, wird mit Freiheitsstrafe bis zu drei Jahren oder mit Geldstrafe bestraft.*

**(2)** *Rechtswidrig ist die Tat, wenn die Anwendung der Gewalt oder die Androhung des Übels zu dem angestrebten Zweck als verwerflich anzusehen ist.*

**(3)** *Der Versuch ist strafbar.*

**(4)** *In besonders schweren Fällen ist die Strafe Freiheitsstrafe von sechs Monaten bis zu fünf Jahren. Ein besonders schwerer Fall liegt in der Regel vor, wenn der Täter*

1. *eine andere Person zu einer sexuellen Handlung oder zur Eingehung der Ehe nötigt,*
2. *eine Schwangere zum Schwangerschaftsabbruch nötigt oder*
3. *seine Befugnisse oder seine Stellung als Amtsträger mißbraucht.*

### § 242 – Diebstahl

**(1)** *Wer eine fremde bewegliche Sache einem anderen in der Absicht wegnimmt, die Sache sich oder einem Dritten rechtswidrig zuzueignen, wird mit Freiheitsstrafe bis zu fünf Jahren oder mit Geldstrafe bestraft.*

**(2)** *Der Versuch ist strafbar.*

### § 253 – Erpressung

**(1)** *Wer einen Menschen rechtswidrig mit Gewalt oder durch Drohung mit einem empfindlichen Übel zu einer Handlung, Duldung oder Unterlassung nötigt und dadurch dem Vermögen des Genötigten oder eines anderen Nachteil zufügt, um sich oder einen Dritten zu Unrecht zu bereichern, wird mit Freiheitsstrafe bis zu fünf Jahren oder mit Geldstrafe bestraft.*

**(2)** *Rechtswidrig ist die Tat, wenn die Anwendung der Gewalt oder die Androhung des Übels zu dem angestrebten Zweck als verwerflich* *anzusehen ist.*

**(3)** *Der Versuch ist strafbar.*

**(4)** *In besonders schweren Fällen ist die Strafe Freiheitsstrafe nicht unter einem Jahr. Ein besonders schwerer Fall liegt in der Regel vor, wenn der Täter gewerbsmäßig oder als Mitglied einer Bande handelt, die sich zur fortgesetzten Begehung einer Erpressung verbunden hat.*

## § 303 – Sachbeschädigung

**(1)** *Wer rechtswidrig eine fremde Sache beschädigt oder zerstört, wird mit Freiheitsstrafe bis zu zwei Jahren oder mit Geldstrafe bestraft.*

**(2)** *Ebenso wird bestraft, wer unbefugt das Erscheinungsbild einer fremden Sache nicht nur unerheblich und nicht nur vorübergehend verändert.*

**(3)** *Der Versuch ist strafbar.*

## § 323c – unlassene Hilfeleistung

*Wer bei Unglücksfällen oder gemeiner Gefahr oder Not nicht Hilfe leistet, obwohl dies erforderlich und ihm den Umständen nach zuzumuten, insbesondere ohne erhebliche eigene Gefahr und ohne Verletzung anderer wichtiger Pflichten möglich ist, wird mit Freiheitsstrafe bis zu einem Jahr oder mit Geldstrafe bestraft.*

## § 343 – Aussageerpressung

**(1)** *Wer als Amtsträger, der zur Mitwirkung an*

**1.** *einem Strafverfahren, einem Verfahren zur Anordnung einer be hördlichen Verwahrung,*

**2.** *einem Bußgeldverfahren oder*

**3.** *einem Disziplinarverfahren oder einem ehrengerichtlichen oder berufsgerichtlichen Verfahren berufen ist, einen anderen körperlich miß- handelt, gegen ihn sonst Gewalt anwendet, ihm Gewalt androht oder ihn seelisch quält, um ihn zu nötigen, in dem Verfahren etwas auszusagen oder zu erklären oder dies zu unterlassen, wird mit Freiheitsstrafe von einem Jahr bis zu zehn Jahren bestraft.*

**(2)** *In minder schweren Fällen ist die Strafe Freiheitsstrafe von sechs Monaten bis zu fünf Jahren.*

# Strafprozessordnung (StPO)

## § 52 – Aussageverweigerungsrecht Angehöriger

**(1)** *Zur Verweigerung des Zeugnisses sind berechtigt*

**1.** *der Verlobte des Beschuldigten oder die Person, mit der der Beschuldigte ein Versprechen eingegangen ist, eine Lebenspartnerschaft zu begründen;*

**2.** *der Ehegatte des Beschuldigten, auch wenn die Ehe nicht mehr besteht;*

**2a.** *der Lebenspartner des Beschuldigten, auch wenn die Lebenspartnerschaft nicht mehr besteht;*

**3.** *wer mit dem Beschuldigten in gerader Linie verwandt oder verschwägert, in der Seitenlinie bis zum dritten Grad verwandt oder bis zum zweiten Grad verschwägert ist oder war.*

**(2)** *Haben Minderjährige wegen mangelnder Verstandesreife oder haben Minderjährige oder Betreute wegen einer psychischen Krankheit oder einer geistigen oder seelischen Behinderung von der Bedeutung des Zeugnisverweigerungsrechts keine genügende Vorstellung, so dürfen sie nur vernommen werden, wenn sie zur Aussage bereit sind und auch ihr gesetzlicher Vertreter der Vernehmung zustimmt. Ist der gesetzliche Vertreter selbst Beschuldigter, so kann er über die Ausübung des Zeugnisverweigerungsrechts nicht entscheiden; das gleiche gilt für den nicht beschuldigten Elternteil, wenn die gesetzliche Vertretung beiden Eltern zusteht.*

**(3)** *Die zur Verweigerung des Zeugnisses berechtigten Personen, in den Fällen des Absatzes 2 auch deren zur Entscheidung über die Ausübung des Zeugnisverweigerungsrechts befugte Vertreter, sind vor jeder Vernehmung über ihr Recht zu belehren. Sie können den Verzicht auf dieses Recht auch während der Vernehmung widerrufen.*

## § 53 – Aussageverweigerungsrecht bestimmter Berufsgruppen

**(1)** *Zur Verweigerung des Zeugnisses sind ferner berechtigt*

**1.** *Geistliche über das, was ihnen in ihrer Eigenschaft als Seelsorger anvertraut worden oder bekanntgeworden ist;*

**2.** *Verteidiger des Beschuldigten über das, was ihnen in dieser Eigenschaft anvertraut worden oder bekanntgeworden ist;*

**3.** *Rechtsanwälte, Patentanwälte, Notare, Wirtschaftsprüfer, vereidigte Buchprüfer, Steuerberater und Steuerbevollmächtigte, Ärzte, Zahnärzte, Psychologische Psychotherapeuten, Kinder- und Jugendlichenpsychotherapeuten, Apotheker und Hebammen über das, was ihnen in dieser Eigenschaft anvertraut worden oder bekannt geworden ist, Rechtsanwälten stehen dabei sonstige Mitglieder einer Rechtsanwaltskammer gleich;*

**3a.** *Mitglieder oder Beauftragte einer anerkannten Beratungsstelle nach den §§ 3 und 8 des Schwangerschaftskonfliktgesetzes über das, was ihnen in dieser Eigenschaft anvertraut worden oder bekanntge worden ist;*

**3b.** *Berater für Fragen der Betäubungsmittelabhängigkeit in einer Beratungsstelle, die eine Behörde oder eine Körperschaft, Anstalt oder Stiftung des öffentlichen Rechts anerkannt oder bei sich eingerichtet hat, über das, was ihnen in dieser Eigenschaft anvertraut worden oder bekanntgeworden ist;*

**4.** *Mitglieder des Bundestages, eines Landtages oder einer zweiten Kammer über Personen, die ihnen in ihrer Eigenschaft als Mitglie der dieser Organe oder denen sie in dieser Eigenschaft Tatsachen* *anvertraut haben sowie über diese Tatsachen selbst;*

**5.** *Personen, die bei der Vorbereitung, Herstellung oder Verbreitung von Druckwerken, Rundfunksendungen, Filmberichten oder der Unterrichtung oder Meinungsbildung dienenden Informations- und Kommunikationsdiensten berufsmäßig mitwirken oder mitgewirkt haben.*

*Die in Satz 1 Nr. 5 genannten Personen dürfen das Zeugnis verweigern über die Person des Verfassers oder Einsenders von Beiträgen und Unterlagen oder des sonstigen Informanten sowie über die ihnen im Hinblick auf ihre Tätigkeit gemachten Mitteilungen, über deren Inhalt sowie über den Inhalt selbst erarbeiteter Materialien und den Gegenstand berufsbezogener Wahrnehmungen. Dies gilt nur, soweit es sich um Beiträge, Unterlagen, Mitteilungen und Materialien für den redaktionellen Teil oder redaktionell aufbereitete Informations- und Kommunikationsdienste handelt.*

**(2)** *Die in Absatz 1 Satz 1 Nr. 2 bis 3b Genannten dürfen das Zeugnis nicht verweigern, wenn sie von der Verpflichtung zur Verschwiegenheit entbunden sind. Die Berechtigung zur Zeugnisverweigerung der in Absatz 1 Satz 1 Nr. 5 genannten über den Inhalt selbst erarbeiteter Materialien und den Gegenstand entsprechender Wahrnehmungen entfällt, wenn die Aussage zur Aufklärung eines Verbrechens beitragen soll oder wenn Gegenstand der Untersuchung*

**1.** *eine Straftat des Friedensverrats und der Gefährdung des demokratischen Rechtsstaats oder des Landesverrats und der Gefährdung der äußeren Sicherheit (§§ 80a, 85, 87, 88, 95, auch in Verbindung mit § 97b, §§ 97a, 98 bis 100a des Strafgesetzbuches),*

**2.** *eine Straftat gegen die sexuelle Selbstbestimmung nach den §§ 174 bis 176, 179 des Strafgesetzbuches oder*

**3.** *eine Geldwäsche, eine Verschleierung unrechtmäßig erlangter Vermögenswerte nach § 261 Abs. 1 bis 4 des Strafgesetzbuches ist und die Erforschung des Sachverhalts oder die Ermittlung des Aufenthaltsortes des Beschuldigten auf andere Weise aussichtslos oder wesentlich erschwert wäre. Der Zeuge kann jedoch auch in diesen Fällen die Aussage verweigern, soweit sie zur Offenbarung der Person des Verfassers oder Einsenders von Beiträgen und Unterlagen oder des sonstigen Informanten oder der ihm im Hinblick auf seine Tätigkeit nach Absatz 1 Satz 1 Nr. 5 gemachten Mitteilungen oder deren Inhalts führen würde.*

### § 55 – keine Selbstbelastung oder Belastung naher Angehöriger

**(1)** *Jeder Zeuge kann die Auskunft auf solche Fragen verweigern, deren Beantwortung ihm selbst oder einem der in § 52 Abs. 1 bezeichneten Angehörigen die Gefahr zuziehen würde, wegen einer Straftat oder einer Ordnungswidrigkeit verfolgt zu werden.*

**(2)** *Der Zeuge ist über sein Recht zur Verweigerung der Auskunft zu belehren.*

### § 68 – Angaben zur Person des Zeugen

**(1)** *Die Vernehmung beginnt damit, daß der Zeuge über Vornamen und Zunamen, Alter, Stand oder Gewerbe und Wohnort befragt wird. Zeugen, die Wahrnehmungen in amtlicher Eigenschaft gemacht haben, können statt des Wohnortes den Dienstort angeben.*

**(2)** *Besteht Anlaß zu der Besorgnis, daß durch die Angabe des Wohnortes der Zeuge oder eine andere Person gefährdet wird, so kann dem Zeugen gestattet werden, statt des Wohnortes seinen Geschäfts- oder Dienstort oder eine andere ladungsfähige Anschrift anzugeben. Unter* *der in Satz 1 genannten Voraussetzung kann der Vorsitzende in der Hauptverhandlung dem Zeugen gestatten, seinen Wohnort nicht anzugeben.*

**(3)** *Besteht Anlaß zu der Besorgnis, daß durch die Offenbarung der Identität oder des Wohn- oder Aufenthaltsortes des Zeugen Leben, Leib oder Freiheit des Zeugen oder einer anderen Person gefährdet wird, so kann ihm gestattet werden, Angaben zur Person nicht oder nur über eine frühere Identität zu machen. Er hat jedoch in der Hauptverhandlung auf Befragen anzugeben, in welcher Eigenschaft ihm die Tatsachen, die er bekundet, bekanntgeworden sind. Die Unterlagen, die die Feststellung der Identität des Zeugen gewährleisten, werden bei der Staatsanwaltschaft verwahrt. Zu den Akten sind sie erst zu nehmen, wenn die Gefährdung entfällt.*

**(4)** *Erforderlichenfalls sind dem Zeugen Fragen über solche Umstände, die seine Glaubwürdigkeit in der vorliegenden Sache betreffen, insbesondere über seine Beziehungen zu dem Beschuldigten oder dem Verletzten, vorzulegen.*

### § 69 – Belehrung des Zeugen

**(1)** *Der Zeuge ist zu veranlassen, das, was ihm von dem Gegenstand seiner Vernehmung bekannt ist, im Zusammenhang anzugeben. Vor seiner Vernehmung ist dem Zeugen der Gegenstand der Untersuchung und die Person des Beschuldigten, sofern ein solcher vorhanden ist, zu bezeichnen.*

**(2)** *Zur Aufklärung und zur Vervollständigung der Aussage sowie zur Erforschung des Grundes, auf dem das Wissen des Zeugen beruht, sind nötigenfalls weitere Fragen zu stellen.*

**(3)** *Die Vorschrift des § 136a gilt für die Vernehmung des Zeugen entsprechend.*

### § 127 – Vorläufige Festnahme

**(1)** *Wird jemand auf frischer Tat betroffen oder verfolgt, so ist, wenn er der Flucht verdächtig ist oder seine Identität nicht sofort festgestellt werden kann, jedermann befugt, ihn auch ohne richterliche Anordnung vorläufig festzunehmen. Die Feststellung der Identität einer Person durch die Staatsanwaltschaft oder die Beamten des Polizeidienstes bestimmt sich nach § 163b Abs. 1.*

**(2)** *Die Staatsanwaltschaft und die Beamten des Polizeidienstes sind bei Gefahr im Verzug auch dann zur vorläufigen Festnahme befugt, wenn die Voraussetzungen eines Haftbefehls oder eines Unterbringungsbefehls vorliegen.*

**(3)** *Ist eine Straftat nur auf Antrag verfolgbar, so ist die vorläufige Festnahme auch dann zulässig, wenn ein Antrag noch nicht gestellt ist. Dies gilt entsprechend, wenn eine Straftat nur mit Ermächtigung oder auf Strafverlangen verfolgbar ist.*

### § 253 – Vernehmungshilfe bei Erinnerungslücken

**(1)** *Erklärt ein Zeuge oder Sachverständiger, daß er sich einer Tatsache nicht mehr erinnere, so kann der hierauf bezügliche Teil des Protokolls über seine frühere Vernehmung zur Unterstützung seines Gedächtnisses verlesen werden.*

**(2)** *Dasselbe kann geschehen, wenn ein in der Vernehmung hervortretender Widerspruch mit der früheren Aussage nicht auf andere Weise ohne Unterbrechung der Hauptverhandlung festgestellt oder behoben werden kann.*

# Betriebsverfassungsgesetz (BetrVG)

## § 33 Beschlüsse des Betriebsrats

**(1)** *Die Beschlüsse des Betriebsrats werden, soweit in diesem Gesetz nichts anderes bestimmt ist, mit der Mehrheit der Stimmen der anwesenden Mitglieder gefasst. Bei Stimmengleichheit ist ein Antrag abgelehnt.*

**(2)** *Der Betriebsrat ist nur beschlussfähig, wenn mindestens die Hälfte der Betriebsratsmitglieder an der Beschlussfassung teilnimmt; Stellvertretung durch Ersatzmitglieder ist zulässig.*

**(3)** – hier nicht zitiert, da für den erwähnten Sachverhalt irrelevant –

## § 87 – Mitbestimmungsrechte

**(1)** *Der Betriebsrat hat, soweit eine gesetzliche oder tarifliche Regelung nicht besteht, in folgenden Angelegenheiten mitzubestimmen:*
1. *Fragen der Ordnung des Betriebs und des Verhaltens der Arbeitnehmer im Betrieb;*
2. *Beginn und Ende der täglichen Arbeitszeit einschließlich der Pausen sowie Verteilung der Arbeitszeit auf die einzelnen Wochentage;*
3. *vorübergehende Verkürzung oder Verlängerung der betriebsüblichen Arbeitszeit;*
4. *Zeit, Ort und Art der Auszahlung der Arbeitsentgelte;*
5. *Aufstellung allgemeiner Urlaubsgrundsätze und des Urlaubsplans sowie die Festsetzung der zeitlichen Lage des Urlaubs für einzelne Arbeitnehmer, wenn zwischen dem Arbeitgeber und den beteiligten Arbeitnehmern kein Einverständnis erzielt wird;*
6. *Einführung und Anwendung von technischen Einrichtungen, die dazu bestimmt sind, das Verhalten oder die Leistung der Arbeitnehmer zu überwachen;*
7. *Regelungen über die Verhütung von Arbeitsunfällen und Berufskrankheiten sowie über den Gesundheitsschutz im Rahmen der gesetzlichen Vorschriften oder der Unfallverhütungsvorschriften;*
8. *Form, Ausgestaltung und Verwaltung von Sozialeinrichtungen, deren Wirkungsbereich auf den Betrieb, das Unternehmen oder den Konzern beschränkt ist;*
9. *Zuweisung und Kündigung von Wohnräumen, die den Arbeitnehmern mit Rücksicht auf das Bestehen eines Arbeitsverhältnisses vermietet werden, sowie die allgemeine Festlegung der Nutzungsbedingungen;*
10. *Fragen der betrieblichen Lohngestaltung, insbesondere die Aufstellung von Entlohnungsgrundsätzen und die Einführung und Anwendung von neuen Entlohnungsmethoden sowie deren Änderung;*
11. *Festsetzung der Akkord- und Prämiensätze und vergleichbarer leistungsbezogener Entgelte, einschließlich der Geldfaktoren;*
12. *Grundsätze über das betriebliche Vorschlagswesen;*
13. *Grundsätze über die Durchführung von Gruppenarbeit; Gruppenarbeit im Sinne dieser Vorschrift liegt vor, wenn im Rahmen des betrieblichen Arbeitsablaufs eine Gruppe von Arbeitnehmern eine ihr übertragene Gesamtaufgabe im Wesentlichen eigenverantwortlich erledigt.*

**(2)** *Kommt eine Einigung über eine Angelegenheit nach Absatz 1 nicht zustande, so entscheidet die Einigungsstelle. Der Spruch der Einigungsstelle ersetzt die Einigung zwischen Arbeitgeber und Betriebsrat.*

# Stichwortregister

Die zu den Stichworten angegebenen Zahlen sind Randnummern, die sich jeweils neben dem Text befinden; es gibt *keine* Seitenangaben.

Lesen Sie außerdem:

Der Autor nimmt mit Verärgerung zur Kenntnis, dass die Politik sich der Wirtschaft hemmungslos und vorbehaltlos andient, dass der Bürger gegenüber dem Diktat eines räuberischen Kapitalismus faktisch resigniert hat und die „Globalisierung" zur Rechtfertigung für jede soziale und ökologische Verzerrung herangezogen wird.

Hier also verlangt er kämpferisch eine Politik der sozialen und ökologischen Verantwortung. Hier verlangt er einen deutlichen Durchgriff der politischen Kräfte für mehr ökologisches Gleichgewicht (zwischen den Erwartungen der menschlichen Zivilisationen einerseits und dem Ökosystem Erde andererseits, von der der Mensch lebt) und für mehr soziale Gerechtigkeit (innerhalb der Gesellschaften ebenso wie zwischen den Gesellschaften untereinander). Dabei ruft er nicht auf zu einer hegemonialen Weltregierung, sondern sieht den Pluralismus als Tatsache, für den er aber neue Regeln einfordert.

Lassen Sie sich mitreißen von einem glühenden Bekenntnis zu Europa, von einer flammenden Streitschrift für ein neues Verständnis von Globalisierung und von einer erfrischenden Neuinterpretation von Chancengleichheit und Zukunftsfähigkeit.

**Bitte informieren Sie sich auch über weitere Projekte des Autors:**

http://www.literatur-ochsenfeld.de